LA TOUR DU ROI

NOUVEAUTÉS EN LECTURE.
DANS TOUS LES CABINETS LITTÉRAIRES.

Les Demoiselles de Magasin, par Ch. Paul de Kock, 6 v. in-8.
Bob le Pendu, par Xavier de Montépin, 3 vol. in-8.
Le Bâtard du Roi, par Clémence Robert, 4 vol. in-8.
Les Bohémiens de Londres, par P. du Terrail, 4 vol. in-8.
Le Roi des Rossignols, par Alexandre de Lavergne, 4 vol. in-8.
Les Amoureux d'une honnête Fille, par M. Perrin, 2 v. in-8.
La Dette de Sang, par la Comtesse Dash, 2 vol. in-8.
Les Métamorphoses du Crime, par X. de Montépin, 6 vol. in-8.
Coquelicot, par le vicomte Ponson du Terrail, 4 vol. in-8.
Le Mendiant de Tolède, par Molé-Gentilhomme et Constant-Guéroult, 4 vol. in-8.
Les Buveurs d'Absinthe, par Henry de Kock, 6 vol. in-8.
Les Chevaliers de l'As de Pique, par A. Blanquet, 4 v. in-8.
Les Bohêmes de Paris, par Ponson du Terrail, 7 v. in-8.
Crochetout le Corsaire, roman maritime par E. Capendu, 6 vol. in-8.
Un Crime Mystérieux, par la Comtesse Dash, 3 vol. in-8.
Les Bateleurs de Paris, par Clémence Robert, 2 vol. in-8.
L'Oiseau du Désert, par Elie Berthet, 5 vol. in-8.
Ecoliers et Bandits, par Edouard Devicque, 4 vol. in-8.
Les trois Hommes Noirs, par Luc-Chardall, 4 vol. in-8.
Le Trou de Satan, par Ponson du Terrail, 3 vol. in-8.
La Famille de Marsal, par Alex. de Lavergne, 7 vol. in-8.
Les Compagnons de la Torche, par X. de Montépin, 5 v. in-8.
Le Chevalier de la Renaudie, par Edouard Devicque, 5 vol. in-8.
Les Démons de la Mer, par Henry de Kock, 6 vol. in-8.
La Belle Antonia, par Ponson du Terrail, 3 vol. in-8.
Alain de Tinteniac, par Théodore Anne, 3 vol. in-8.
Le Gentilhomme Verrier, par Elie Berthet, 6 vol. in-8.
La Filleule d'Arlequin, par Maximilien Perrin, 2 vol. in-8.
Noélie, par Eugène Scribe, 4 vol in-8.
Les Chevaliers du Clair de lune, par P. du Terrail, 7 v. in-8.
Amaury le Vengeur, par Ponson du Terrail, 7 vol. in-8.
La Maîtresse du Proscrit, par Emmanuel Gonzalès, 4 vol. in-8.
L'Homme Rouge, par Ernest Capendu, 5 vol. in-8.
L'Ame et l'Ombre d'un Navire, par G. de la Landelle, 5 v. in-8.
La Sorcière du Roi, par la comtesse Dash, 5 vol. in-8.
Les Sabotiers de la Forêt noire, par E. Gonzalès, 3 vol. in-8.
Le Nain du Diable, par la comtesse Dash, 4 vol. in-8.
Le Ménage Lambert, par A. de Gondrecourt, 2 vol. in-8.
Fleurette la Bouquetière, par Eugène Scribe, 6 vol. in-8.
Le Parc aux Biches, par Xavier de Montépin, 7 vol. in-8.
Les Etudiants de Heidelberg, histoire du siècle de Louis XIV, par le vicomte Ponson du Terrail, 7 vol. in-8.
Les Mystères de la Conscience, par Etienne Enault, 4 v. in-8.
Les Gandins, par Ponson du Terrail, 6 vol. in-8.
L'Homme des Bois, par Elie Berthet, 6 vol. in-8.
Les trois Fiancées, par Emmanuel Gonzalès, 3 vol. in-8.

Pour la suite des Nouveautés, demander le Catalogue général qui se distribue gratis.

WASSY. — IMP. DE MOUGIN-DALLEMAGNE.

LES BOHÉMIENS DE LONDRES

LA TOUR DU ROI

PAR

LE VICOMTE PONSON DU TERRAIL

AUTEUR DE :

Les Bohémiens de Londres, les Bohêmes de Paris, Coquelicot, le Testament de Grain-de-Sel, le Trou de Satan, les Chevaliers du Clair de lune, Amaury le Vengeur, la Belle Antonia, les Étudiants de Heidelberg, les Gandins, la Jeunesse du roi Henri, le Serment des Quatre Valets, les Mémoires d'un Homme du Monde, le diamant du Commandeur, les Drames de Paris, les Exploits de Rocambole, le Club des Valets de Cœur, la Revanche de Baccarat, la Dame au Gant noir, les Compagnons de l'Épée ou les Spadassins de l'Opéra, la Belle Provençale, la Cape et l'Épée, etc.

I

PARIS

L. DE POTTER, LIBRAIRE-ÉDITEUR

RUE FONTAINE MOLIÈRE, 27.

Droits de traduction et de reproduction réservés.

LES CHEVALIERS DE L'AS DE PIQUE

PAR

ALBERT BLANQUET

Auteur des *Amours de d'Artagnan*, la *Belle Féronnière*, le *Parc aux Cerfs*, les *Enfants du Curé*, le *Roi d'Italie*, la *Giralda de Séville*, etc., etc.

Ce Roman est un chapitre saisissant de la vie parisienne : les détails les plus curieux, les révélations les plus piquantes sur une vaste association criminelle, une action émouvante, des scènes mystérieuses et terribles, toujours prises sur nature ; une donnée des plus originales, des caractères nouveaux, des types variés, étranges ; — des situations comiques, un intérêt soutenu, de la réalité ; — les fureurs du jeu, les horribles douleurs qui font, souvent, de toute femme qui a failli une martyre de nos lois et de nos préjugés ; les hardiesses du voleur, les bas calculs du faussaire et de l'empoisonneur, les épouvantes de l'adultère ; — le choc de ces passions et de ces vices a fourni à l'auteur les principaux éléments de ce drame qui est une histoire véritable, — et dont l'auteur a été le témoin oculaire. M. Albert Blanquet l'a racontée avec la verve et le talent que ses œuvres précédentes ont fait apprécier du public.

LES TROIS HOMMES NOIRS

PAR

LUC-CHARDALL

Le consciencieux moraliste, l'observateur profond, le conteur plein d'humour et de grâce qui, sous le voile assez transparent de Luc-Chardall, a enrichi la librairie moderne de ce tableau si vrai des mœurs champêtres appelé la *Ferme aux Loups*, a voulu prouver que, dans un genre diamétralement opposé, ses puissantes facultés d'observation, de conception et de style, ne lui feraient pas défaut.

Il a plus que réussi.

Le nouveau roman les *Trois Hommes Noirs* que nous publions aujourd'hui est une grande étude historique des premiers événements qui ont ensanglanté le commencement du siècle. A chaque pas le drame s'y mêle au comique, le rire cotoie les larmes et se confond parfois avec elles. Mais ce qui domine tout dans cette nouvelle œuvre de Luc-Chardall, au milieu de la combinaison hardie des scènes tour à tour gaies et terribles qui la composent, c'est la peinture, vraie, fidèle, vigoureuse d'une des plus imposantes physionomies de notre histoire au début du premier empire.

Nous n'hésitons pas à prédire au roman les *Trois Hommes Noirs* un succès qui fera date dans l'histoire littéraire de notre temps.

Wassy. — Imprimerie de MOUGIN-DALLEMAGNE.

CHAPITRE PREMIER

I

Le brouillard fauve qui, dans la matinée, avait enveloppé la cité de Londres, s'était déchiré tout à coup au souffle puissant de la brise qui courait du sud-ouest au nord-est.

Le disque cuivré du soleil se levait alors radieux sur un ciel sans nuages, inondant de ses feux le vieux dôme de Saint-Paul.

C'était jour de liesse pour le peuple anglais que le 1er juillet 1776. Trompée par de récents et décisifs avantages remportés sur les Américains rebelles, la chambre des lords était loin de penser que, dans peu d'années, la grande colonie américaine, aidée par l'épée de la France, aurait pour toujours conquis son indépendance en se séparant de la mère patrie. Refoulés vers les côtes, chassés tour à tour des rives des lacs Erié et Ontario, les Anglais avaient fini par reprendre une à une toutes leurs positions.

L'énergie que le jeune marquis d'Asburthon avait montrée dans la défense du fort Saint-George, et l'exemple terrible qu'il avait fait, étaient pour beaucoup dans les dernières victoires de l'armée anglaise. Les vieux généraux, blanchis dans les camps, ne pouvaient se laisser distancer par un officier de vingt ans. Or, c'était un jour de fête pour les Anglais que celui où ce jeune héros de vingt ans, après avoir débarqué à Plymouth, rentrait dans la capitale à la tête des quelques braves cavaliers qui restaient encore de ce beau régiment de dragons qu'on appelait les dragons du roi.

Aussi, dès huit heures du matin, la population tout entière s'était-elle portée à la rencontre de ce bataillon sacré, bien au-delà des portes de Londres. La foule immense était contenue à grand'peine par les officiers de police. Les femmes se dressaient sur la pointe des pieds aux bords de la route; les hommes se pressaient et se poussaient, les enfants grimpaient sur les arbres. Cependant, rien encore n'apparaissait à l'horizon. Un moment, la foule devint tellement compacte, que les brillants équipages furent complétement enveloppés et que les chevaux ne purent repousser ce flot humain.

Dans une voiture découverte, attelée de deux magnifiques chevaux, se trouvaient deux femmes qu'on aurait pu prendre pour les deux sœurs. L'une rayonnait du splendide éclat de la jeunesse, l'autre avait la noble assurance et la dignité calme de la maternité.

Ces deux femmes paraissaient non moins impatientes que le peuple de voir arriver les dragons, et lorsque le cocher eut annoncé qu'il ne pouvait aller plus avant, la plus âgée des deux s'écria :

« Eh bien! nous irons à pied.

— Non, madame, répondit la jeune fille, je n'y consentirai pas, car ce serait vous exposer à vous faire écraser par la foule. Et puis, ajouta-t-elle en se levant dans la calèche, nous verrons mieux ici.

— O mon fils! murmura l'autre femme, mon fils adoré!...

— Vous allez le voir! chère mistress Celia, » dit miss Ellen, car c'était la pupille de sir Robert Walden qui venait à la rencontre de Lionel. En ce moment, la foule fit entendre un long murmure ; un nuage de poussière obscurcit l'horizon, et cent mille voix crièrent à l'unisson :

« Les voilà ! les voilà ! »

Une femme, vêtue du modeste costume des bourgeoises de Londres, qui venait de se cramponner à la portière de la calèche, tendit une main suppliante à mistress Celia, et lui dit :

« Ah ! si vous êtes mère, madame, vous ne repousserez point la prière d'une mère; laissez-moi monter dans votre voiture, car moi aussi, murmura-t-elle en étouffant un sanglot, moi aussi je veux voir mon fils ! »

Mistress Celia tendit les deux bras à cette femme et la fit monter auprès d'elle, tandis que miss Ellen regardait l'inconnue avec une ardente curiosité. Cette femme, qui paraissait avoir trente-huit ou quarante ans, était remarquablement belle encore, mais son visage portait l'empreinte d'une sombre et profonde douleur morale.

« Pauvre femme, lui dit mistress Celia,

vous avez dû bien souffrir et pleurer souvent durant cette guerre maudite?

— Oh! oui, dit-elle en levant au ciel un regard voilé de larmes, oh! oui, milady.

— Mais vous allez le revoir enfin! car il revient, n'est-ce pas? il revient sain et sauf?

— Oui, madame, répondit l'inconnue en tremblant. »

— C'est la mère de quelque soldat, » murmura mistress Celia à l'oreille de miss

Ellen. Mais la jeune fille ne répondit pas ; elle paraissait absorbée par quelque lointain souvenir.

« Comme vous allez le presser dans vos bras, l'étreindre sur votre cœur, pauvre femme ! » reprit encore mistress Celia.

L'inconnue ne répondit pas ; mais deux larmes brûlantes jaillirent de ses yeux et elle étouffa un sanglot.

« Les voilà ! les voilà ! » cria de nouveau la foule.

Et, en effet, on entendit retentir les fers

des chevaux sur le pavé de la route. Les trois femmes se dressèrent dans la calèche, dominant ainsi la mer de têtes qui les entourait. A vingt pas en avant, un officier à cheval portait le drapeau du régiment, un noble drapeau lacéré par les balles, noirci par la fumée, un haillon de gloire ! Puis, derrière le porte-drapeau, on vit s'avancer seul, calme et fier, le sourire aux lèvres, cet homme dont la renommée avait fait un héros, ce colonel de vingt ans dont les vieux généraux se montraient jaloux, Roger d'Asburthon, qui saluait de son épée avec une grâce chevaleresque la foule qui l'acclamait. A sa vue, la femme inconnue que mistress Celia avait fait monter dans sa voiture, la pauvre mère aux vêtements modestes, jeta un cri de suprême joie.

« Ah! qu'il est beau! » dit-elle en retombant à demi évanouie sur les coussins de la calèche.

Mais, en ce moment, un homme fendit la foule, prit la femme dans ses bras, l'enleva comme un enfant, et disparut en murmurant :

« Ah! malheureuse! qu'as-tu fait? tu viens de te trahir. »

Miss Ellen avait eu le temps de voir et de reconnaître cet homme.

« Lui! dit-elle, lui que je croyais mort! »

Puis elle saisit vivement le bras de mistress Celia, bouleversée par tout ce qu'elle venait de voir et d'entendre :

« Savez-vous quelle est cette femme ? madame.

— Non ! fit mistress Célia.

— C'est la véritable mère du marquis Roger-d'Asburthon. A présent, je ne doute plus. »

Roger s'avançait toujours au pas, et son œil interrogeait avidement la foule, y cherchant un regard qui ne fût que pour lui, Roger, et non pour le soldat. Tout à coup, l'officier qui marchait derrière lui poussa son cheval et vint se ranger à sa gauche. C'était Lionel, Lionel nommé capitaine à la fin de la campagne. Le jeune officier était pâle d'émotion, mais ses lèvres souriaient.

« Elles sont là ! dit-il d'une voix entrecoupée, elles sont là ! »

Et il étendait la main vers la foule.

« Qui donc ? demanda Roger.

— Ma mère... et celle que j'aime, ma fiancée ! »

Roger suivit du regard la direction de la

main de Lionel. Il reconnut mistress Celia dans la calèche, et vit miss Ellen auprès d'elle; il étouffa un cri et serra avec rage la poignée de son épée.

« Mon Dieu ! s'écria Lionel, qui le vit chanceler sur sa selle.

— Ta fiancée... la femme que tu aimes... c'est ..

— Miss Ellen ! » dit Lionel.

Le visage du marquis s'empourpra tout à coup; le gentilhomme s'effaça un moment, le noble pair disparut, et la voix de ce sang de bohême qui coulait en ses veines s'éleva violente et terrible pour la haine.

« Ah ! c'est miss Ellen que tu aimes ! Eh bien ! je l'aime aussi, moi ! » dit le fils de la bohémienne en fixant sur son rival un regard de flamme.

CHAPITRE DEUXIEME

II

Tandis que le régiment des dragons du roi avait peine à s'ouvrir un passage au milieu de la foule, qui battait des mains sur son passage, une voiture, qui était parvenue à se dégager, rentrait à travers les faubourgs, au grand trot. Cette voiture, dont le cheval de sang attestait qu'elle appartenait à un homme riche, traversa le pont de Londres à toute vitesse et vint s'arrêter dans Piccadilly, à la grille d'un charmant hôtel. Deux hommes descendirent de la voiture. L'un d'eux soutenait dans ses bras une femme qui semblait avoir perdu connaissance.

« Porte-la, dit l'autre, car elle n'a pas la force de marcher... Pauvre Cinthia! »

L'homme qui parlait ainsi n'était autre que Jean de France; non plus Jean de France affublé d'une vareuse de matelot, mais le beau nabab Osmany, le gentleman aux millions, le beau dont la *nobility* s'était beaucoup occupée avant la guerre. Celui qui l'accompagnait et portait Cinthia dans ses bras, était Samson, le bras droit du Roi des bohémiens.

Samson, lui aussi, semblait avoir fait peau neuve. Son habit de drap couleur tabac d'Espagne, son gilet de soie brochée, sa culotte de casimir noir, et sa grosse tête poudrée lui donnaient l'apparence d'un important receveur des taxes, ou d'un bon gentilhomme de quelque comté lointain, venu à Londres tout exprès pour y apprendre les belles manières.

Le petit hôtel dans lequel nous voyons entrer ces trois personnages appartenait à Osmany. Tout ce que le luxe asiatique peut inventer, tout ce que l'or et le goût réunis peuvent créer, avait été accumulé dans ce palais en miniature. Ce fut dans une pièce du rez-de-chaussée, un joli salon tendu de soie gris perle, que Samson porta Cinthia. La pauvre mère affolée sanglottait, le visage caché dans ses mains. Jean de France lui dit d'une voix émue:

« Tu veux donc perdre ton fils ? ton fils pour lequel nous venons de jouer notre vie !.. Cinthia, pense à ceux qui ne sont pas revenus dans la tribu !

— Ah ! répondit-elle, il n'y a qu'une mère qui puisse comprendre ce que j'ai souffert depuis dix-huit années ! Avoir un fils, et ne pouvoir se rassasier de sa vue ; vivre auprès de lui, et ne pouvoir lui dire : « Je suis ta mère ! » Ah ! tu aurais pitié, Jean, si tu avais subi ces angoisses, si ton cœur avait été écrasé par cette torture de toutes les minutes. »

Jean de France eut un sourire amer.

« Mais que serait-il donc, cet enfant, reprit-il, s'il était resté auprès de toi ? un misérable bohémien comme nous, car je n'aurais jamais songé à devenir riche si je n'avais eu de l'ambition pour lui ! »

Cinthia pleurait en silence.

« Au lieu de cela, poursuivit Jean de France, il est riche, il est noble, colonel, pair d'Angleterre, il peut s'allier aux plus grandes familles, et le roi signera son contrat de mariage; ce soir, George III lui tendra sa main à baiser, et le fera dîner à sa table.

Cinthia pleurait toujours.

« Veux-tu donc, maintenant, poursuivit

Jean de France, qu'on le renverse de ce piédestal où nous l'avons placé, et qu'on le chasse comme un laquais, en lui disant : Vous n'êtes point le vrai marquis Roger d'Asburthon, le fils légitime du lord gouverneur des Indes : vous êtes Amri le bâtard, le fils d'une bohémienne, un de ces maudits sans feu ni lieu, condamnés à errer par le monde ? »

Cinthia se redressa brusquement, une flamme de colère s'était allumée dans son regard.

« Mais tu ne sais donc pas, malheureuse, quelle était la jeune fille qui se trouvait dans cette voiture où tu es monté ?

Cinthia jeta un cri.

— C'est notre plus mortelle ennemie, c'est miss Ellen, la pupille de sir Robert Walden, c'est Topsy, la fille de Nathaniel, l'homme à la fouine ! »

— Non, dit Cinthia.

« Comprends-tu maintenant ? » dit Jean de France.

La pauvre mère courba la tête et garda le silence.

« Va, dit Jean de France, si tu es privée des caresses de ton fils tu jouiras du moins de ses triomphes ; car ce n'est point assez pour moi qu'il soit noble, qu'il soit beau, qu'il soit pair d'Angleterre : je veux encore qu'il soit aimé, je veux lui donner pour femme la plus riche héritière des trois royaumes. »

Exaltée par les paroles de Jean de

France, la reine des bohémiens eut un mouvement d'orgueil.

« Je ferai tout ce que tu voudras, Jean, dit-elle résolûment. Faut-il quitter l'Angleterre? dois-je m'exiler ? je suis prête à sacrifier ma vie pour la gloire et le bonheur de mon fils ! »

Elle joignait les mains en suppliante, en parlant ainsi, et elle s'était presque agenouillée devant cet homme qui la courbait sous sa volonté de fer.

« Non, dit Jean de France, je ne veux

rien de tout cela, ce que j'exige, c'est que tu ne t'exposes plus, comme tu l'as fait, à te trahir et à perdre ton enfant. Il faut me jurer que, si un jour on voulait te forcer à déclarer que Roger d'Asburthon est bien ton fils, tu auras le courage de répondre : non !

— Je le ferai ! murmura Cinthia d'une voix ferme.

— Oh ! s'écria Jean de France avec exaltation, quand je songe que depuis six cents ans ma race a été méprisée, conspuée, foulée aux pieds par ces vaniteux Normands, et que je viens de placer un homme de ma race à côté d'eux, que cet homme est leur égal et qu'il traitera avec eux de puissance à puissance, alors je sens mon cœur bondir de joie dans ma poitrine, en songeant que tout cela est mon œuvre! »

Mais, tandis qu'il parlait ainsi, Jean de France se souvint tout à coup de miss Ellen, et alors son front s'assombrit, un éclair de haine jaillit de ses yeux :

« Il faudra que je brise cette femme, se

dit-il, comme le vent d'orage brise les branches desséchées ! »

Et se tournant vers Samson :

— M'as-tu obéi ? dit-il, as-tu retrouvé le chirurgien Bolton.

— Ça n'a pas été sans peine, répondit Samson, car le cher docteur s'est établi dans la plus sale taverne de Wite Chapel, où il se grise tous les soirs.

— Enfin, tu l'as retrouvé ?

— Oui, dit Samson, et il va venir car je

lui ai donné rendez-vous pour midi : le matin, il est à jeun.

— T'a-t-il reconnu ?

— Non.

— A-t-il deviné quel personnage cachait le nabab Osman y ?

— Pas davantage. Seulement il s'est souvenu de vous avoir rencontré, un soir, au bout du parc du marquis Roger, au château de la Tour du roi.

— Alors, il ne sait pas pourquoi je le fais demander.

— Il croit que Votre Seigneurie est malade.

Osmany se tourna en riant vers Cinthia :

« Crois-tu, dit-il, que notre vieux Samson m'a pris au sérieux ? Il m'appelle *sa seigneurie*.

— N'êtes-vous pas mon maître, dit simplement le géant, celui à qui la dernière goutte de son sang appartient.

— Tu es un chien fidèle ! dit Jean de France ému. »

Samson eut un grognement de satisfaction qui ressemblait assez à celui de l'animal auquel on le comparait. En ce moment, on entendit retentir la sonnette de la grille, qui annonçaient un visiteur.

« Ce doit être le chirurgien Bolton, s'écria Samson qui s'élança au dehors.

— Laisse-nous, ma sœur, dit Jean de France à Cinthia. Il faut que je cause longuement avec Bolton, ce que j'ai à lui dire est de la dernière importance. »

Cinthia sortit. Presque aussitôt, la porte s'ouvrit, et Samson reparut, précédant le docteur.

Bolton que nous avons connu à Calcutta était devenu une sorte de John Falstaff dans la plus basse acception de l'espèce. Ses vêtements en désordre couverts de taches de graisse, sa perruque veuve de son catogan, et sa barbe de huit jours indiquaient clairement que sa nouvelle clientelle était au-dessus des préjugés de la brosse et du savon. Le regard seul avait conservé toute sa pénétration et toute sa finesse.

Samson, en serviteur bien appris, se retira et ferma la porte derrière lui, tandis que Bolton, un peu ébloui par le luxe qui l'entourait, saluait Jean de France comme on salue un vrai nabab.

« Monsieur, lui dit-il, vous m'avez fait l'honneur de m'appeler ; avez-vous besoin de mes soins ?

— Docteur, répondit Jean de France, j'ai surtout besoin de causer avec vous.

— Ah ! fit curieusement Bolton.

— Vous avez longtemps habité l'Inde, docteur.

— Douze années, monsieur.

— Vous étiez attaché au service particulier de lord Asburthon ?

Bolton tressaillit et regarda le nabab Osmany.

« Une nuit, poursuivit ce dernier, vous allâtes prendre un enfant, dans le camp des bohémiens.

— Jamais, s'écria Bolton.

— Très-bien, docteur, dit Jean de France en souriant, vous êtes muet comme la tombe, je le vois ! mais vous ne pouvez avoir de secret pour moi.

— Je n'ai pas de secrets, dit le chirurgien qui prit un air naïf.

— Regardez-moi, docteur » fit Osmany.

Le chirurgien attacha sur lui un regard inquiet.

« Vous ne me reconnaissez pas ?

— Non, dit Bolton.

— Eh bien, puisque vous ne vous souvenez pas d'avoir été chercher un enfant dans le camp des bohémiens, au moins vous souviendrez-vous certainement d'un jeune homme blessé à l'épaule et que vous avez pansé ?

— Jean de France ! s'écria Bolton qui regarda avidement Osmany.

— C'est moi, dit ce dernier.

— Vous, vous ? » s'écria Bolton stupéfait.

Jean de France retira son habit, releva sa chemise et mit à nu son épaule qui portait encore les cicatrices du coup de poignard et de l'incision pratiquée par le docteur pour débrider la plaie.

« Oh! dit Bolton, c'est bien vous... je reconnais mon coup de bistouri. »

Et il continua à regarder Jean de France avec un profond étonnement, car il ne pouvait comprendre ce luxe qui entourait le bohémien.

« Docteur, reprit Jean de France, un de ces soirs je vous conterai mes aventures qui ressemblent beaucoup à un conte arabe, mais aujourd'hui, j'ai des choses autrement importantes à vous dire.

— Parlez, dit le chirurgien qui retrouvait un à un le regard d'aigle, le fier sourire et tous les traits caractéristiques de l'enfant dans le beau et mâle visage de l'homme.

— Je veux vous parler de *lui*, dit Osmany.

— Hé! fit Bolton, en baissant la voix, vous savez qu'à cette heure il est revenu à Londres? »

Un sourire glissa sur les lèvres de Jean de France.

« Mon pauvre docteur, dit-il, croyez-vous donc que je l'ai abandonné un seul instant ? Qui donc l'a sauvé de l'ours l'année dernière ? qui donc l'a empêché d'être assassiné par le capitaine Maxwel ? qui donc encore, en Amérique, a réprimé une rébellion dans le fort Saint-George qu'il commandait ?

— Comment ! s'écria Bolton stupéfait, vous l'avez suivi partout,

— Partout !

— Mais alors, il sait...

— Il ne sait rien... et il peut toujours se croire le fils légitime de lord Asburthon, j'ai tué sir James, comme sir Robert Walden a tué sir Jack Asburthon ; mais, ajouta Jean de France, tous nos ennemis ne sont point morts...

— Nos ennemis ?

— Oui, il y en a... et de puissants... »

Bolton songea à sir Robert Walden.

« Ceux-là soupçonnent la vérité, poursuivit Jean de France, et nous devons déjouer leurs projets.

— Mais, dit Bolton, maintenant que lord Asburthon est mort, il n'y a plus que vous et moi qui possédions ce secret... et ni vous ni moi ne le révélerons...

— Il est un témoin terrible qui parlera pour nous quelque jour, dit Jean de France en baissant la voix.

— Que voulez-vous dire ?

— C'est la marque fatale qu'il porte au

bras droit, et qui est le signe de son origine.

— Et, dit Bolton, on ne peut faire disparaître ce signe ?

— Vous vous trompez, docteur, car il y a de par le monde un enfant de sang bohémien...

— Miss Ellen ! s'écria Bolton.

— Oui, miss Ellen, qui est parvenue à effacer ce stigmate, comme le baptême lave la tache originelle.

— Comment a-t-elle fait ? car je ne connais aucune substance qui puisse effacer ce stigmate.

— Ah! dit Jean de France, j'ai cherché pendant bien longtemps, mais j'ai fini par trouver.

— Vraiment ! fit Bolton.

— Ecoutez ! dit le roi des bohémiens. «

Bolton prit l'attitude curieuse d'un homme qui va entendre la révélation d'un important secret.

« Dans chaque tribu, dit Jean de France, nous avons ce qu'on appelle un *marqueur*.

Moitié médecin, moitié alchimiste, cet homme fait aux enfants nouveaux-nés cette marque réputée indélébile, qui est pour nous comme un pacte de famille. Le marqueur de notre tribu était déjà vieux à l'époque où vous vîntes prendre le petit Amri, pour en faire le marquis Roger d'Asburthon. C'était un homme taciturne et très-savant qui s'occupait d'alchimie et d'astronomie quand notre tribu arriva dans l'Inde; il se mit à courir les bois et les jungles pour y recueillir des plantes médicinales dont il essayait la vertu. Josué (c'était son nom) aurait pu mener une existence moins vagabonde, si le sang bohémien n'avait pas coulé dans ses veines. Vingt fois il avait trouvé l'occasion d'exercer la médecine dans quelque petite ville d'Écosse ou d'Angleterre, mais il avait toujours préféré suivre la tribu. Un jour il revint au camp, et nous dit :

« J'ai trouvé le moyen d'effacer nos *marques*. Le suc d'une plante que j'ai découvert, exprimé et appliqué en compresse sur le membre marqué, fait disparaître complétement, au bout de trois jours, le triangle cabalistique. »

Les bohémiens qui écoutaient Josué lui demandèrent son secret.

« Non, non, répondit-il. Quand je serai mort, vous trouverez mes secrets, mes papiers, mes recettes pour guérir, le fruit de mon savoir et de mon expérience enfin, mais jusque-là, je veux garder mes secrets.

Un jour Josué disparut, son sort fut

longtemps un mystère pour toute la tribu. J'ai su depuis que s'étant pris de querelle un soir avec un matelot anglais, dans un cabaret de Calcutta, il avait été embarqué de force, malgré son âge, sur un navire qui complétait son équipage. Ramené en Angleterre, Josué avait déserté; puis on l'avait repris, et il avait été enfermé à Newgate. Comment sir Robert Walden découvrit-il cet homme ? comment apprit-il qu'il avait un moyen de faire disparaître la marque des bohémiens ? c'est ce que je n'ai jamais pu savoir, il y a un an à peine j'ignorais encore que cette marque eût disparu du bras de miss Ellen. Toujours est-il que j'ai fini par retrouver les traces de Josué. Sir Robert Walden avait obtenu sa grâce, et il était sorti de Newgate. Là encore, mes investigations s'arrêtaient, faute de documents ; à la prison je perdais les traces de Josué ; les gardiens, les détenus, nul ne savait ce qu'il était devenu. Enfin, il y a huit jours, à mon retour d'Amérique, un des miens demeuré à

Londres et que j'avais chargé de retrouver Josué, mort ou vif, m'a apporté une petite boite en fer que j'ai reconnue pour celle où le marqueur enfermait autrefois ses fioles et ses drogues ; il l'avait trouvée dans un village du Yorkshire, où le pauvre diable était mort peu de temps après sa sortie de prison. Cette boite renfermait toutes ses recettes et une trentaine de fioles soigneusement étiquetées.

Et dans le nombre se trouvait celle dont vous avez un si grand besoin. »

Jean de France alla ouvrir un bahut, y prit une petite fiole renfermant une liqueur brune, et la remit à Bolton.

« La voilà, dit-il.

— Mais alors, fit le chirurgien, rien ne sera plus facile que de l'employer.

— Vous vous trompez, mon cher docteur.

— Comment cela.

— Amri ignore le secret de sa naissance, il se croit le marquis Roger. Pour faire disparaître cette marque, à laquelle sans doute il n'a jamais pris garde, car elle se trouve au haut de l'épaule, il faudra lui révéler ce secret.

— C'est juste, dit Bolton, visiblement embarrassé, et la situation devient difficile.

— Si difficile, dit Jean de France, que j'ai pensé que vous seul pouviez me servir.

— Comment cela ?

— Trois fois déjà je suis venu en aide au marquis, trois fois il s'est étonné d'avoir en moi un ami, car je lui étais inconnu. Il faut donc que ce soit vous qui lui débitiez la fable que j'ai imaginé.

— Et... cette fable ?

— Attendez » dit Osmany.

Et il reprit la fiole qu'il fit miroiter aux yeux du chirurgien Bolton.

« Qui me dit, continua-t-il, que cette liqueur n'a pas perdu sa vertu.

— C'est juste, dit Bolton, il faudrait l'analyser d'abord. Quelques gouttes suffiront pour cette opération.

— C'est cela, mon cher docteur, dit le roi des bohémiens, montez dans ma voiture, rentrez chez vous et mettez-vous à l'œuvre. J'ai besoin de savoir avant ce soir si nous devons réussir. Voici pour votre consultation et le travail qui vous reste à faire, » ajouta Jean de France en lui offrant un rouleau de guinées que le docteur empocha sans la moindre objection.

Lorsqu'il fut parti, Jean appela Samson.

« Je t'avais prié, lui dit le roi des bohémiens, de louer dans le Wapping une petite maison pour Cinthia, l'as-tu fait?

— Oui, maître.

— Est-elle prête à la recevoir ?

— Oui, maître, c'est Elspy qui l'occupe en attendant Cinthia.

— Bien, répondit Jean de France. Il faut que Cinthia ait quitté l'hôtel dans une heure.

Et tandis que Samson sortait pour exécuter les ordres de Jean de France, celui-ci passa dans la pièce voisine où Cinthia s'était retirée.

« Sœur, lui dit Jean de France, il faut que tu quittes ma maison, où tu ne serais pas en sûreté, car tu pourrais devenir, à ton insu, une arme terrible dans les mains des ennemis da ton fils.

— Je ferai ce que tu voudras, frère, » répondit Cinthia avec la résignation qu'inspire l'amour maternel.

. . . .

Une heure après, Cinthia avait quitté

l'hôtel d'Osmany, et ce dernier demandait son carrosse. Il avait fait une brillante toilette, et ses gens étaient en grande livrée. Le nabab Osmany, l'héritier des titres de sir Mac-Grégor, se rendait au *club des Beaux*.

CHAPITRE TROISIÈME

III

Le *club des Beaux*, qui était alors un des plus splendides hôtels de Londres, s'élevait au milieu du Strand. En forme de temple grec, son fronton était supporté par deux rangs de colonnes d'ordre corinthien. Deux grandes statues de marbre blanc, placées à droite et à gauche de l'escalier, représentaient la Beauté et le Plaisir. Une pelouse ovale, au centre de laquelle jaillissait une gerbe d'eau, dans un bassin de porphyre rose, s'étendait comme un tapis devant la façade. Les équipages tournaient autour de cette pelouse pour venir s'arrêter derrière l'hôtel, sous un péristyle vitré, où de belles plantes exotiques s'élançaient de grands vases de porcelaine de Chine.

Le luxe des appartements était réellement féerique. Les tapis et les meubles, faits sur modèles pour le club, étaient uniques dans le monde, pas un bouton de porte, pas une clef qui ne fussent en argent ciselé. Toutes les tentures, de soie brochée, portaient dans la trame la devise des beaux : *Beauty and elegance !* Les valets, choisis parmi les plus beaux hommes des trois royaumes, portaient une livrée de drap bleu céleste galonnée d'argent, chaussés de bas de soie rose et de souliers à boucles d'or, ils étaient poudrés deux fois par jour à la poudre ambrée. Un célèbre perruquier français, nommé Alcindor, était attaché au club, ainsi qu'un chimiste-parfumeur, qui avait son laboratoire dans un des corps de bâtiment de l'hôtel. Les tailleurs, les carrossiers, les chapeliers et les bijoutiers de Londres se disputaient l'honneur de faire peindre, au-dessus de leur boutique, le glorieux titre de fournisseur du *club des Beaux*; car ce brevet, qui ne leur était décerné qu'après un examen, faisaient leur fortune en quelques années.

Le réglement des *beaux*, que l'on nommait aussi les *radieux*, contenait les articles les plus bizarres. Les membres du cercle ne devaient jamais porter ni relever un défi : un coup d'épée, ou une balle de pistolet pouvant éborgner, couturer ou estropier leur radieuse personne. En franchissant le seuil du temple, les beaux devaient sourire de la façon la plus aimable, et rester épanouis dans une inaltérable satisfaction personnelle. Tout visage assombri était sévèrement admonesté par le président beau Nash. Toute grimace de chagrin ou de douleur devenait passible d'une forte amende. Un soir un valet, en trébuchant contre un meuble, renversa une théière bouillante sur les mollets du duc de Sommerset. Sa Grâce poussa un miaulement de chat écrasé, et fit de si horribles contorsions que les membres présents prononcèrent immédiatement sa radiation pour un mois. Les stoïciens niaient la douleur, les beaux condamnaient la grimace.

Le marquis d'Asburthon avait été élu membre du club des radieux huit jours avant son départ pour l'Amérique. Le jour de sa rentrée triomphale à Londres, les beaux lui envoyèrent une députation pour lui offrir, le soir, le thé d'honneur dans le salon dit de Narcisse. Roger, qui dînait ce soir-là à Saint-James, promit aux délégués de se rendre au club vers dix heures. Mais les beaux s'en retournèrent inquiets et préoccupés, rendre compte au président de leur mission. Ils avaient trouvé le marquis d'Asburthon dans une irritation voisine de la colère : ses traits brunis par le soleil et la brise de mer, étaient bouleversés. Bref, il revenait glorieux, mais dans de déplorables conditions physiques et morales.

Le lecteur n'a pas oublié quel orage Lionel avait déchaîné en prenant Roger pour confident de ses amours. Le jeune colonel, qui sentait qu'il ne serait pas maître cette fois, de sa colère s'il rencontrait chez lui son lieutenant en revenant du palais, se fit conduire au *club des Beaux*. La jalousie lui brûlait le cœur, et il était forcé de dévorer sa colère. En entrant au club, Roger demanda à saluer son ami le président beau Nash. Mais on lui apprit que cet honorable, atteint de la petite vérole et grêlé comme une passoire, avait été rayé d'office de la liste des beaux.

Le pauvre Nash s'était empoisonné deux jours après ce désastre en avalant un flacon d'essence de roses. On avait gravé sur sa tombe la devise du club ainsi modifiée : *Beauty and fidelity*. Beau Spencer avait hérité de son fauteuil et de sa sonnette.

Après le thé d'honneur, pendant lequel il faillit se faire réprimander par le nouveau président pour un mouvement d'impatience et un léger froncement de sourcil, Roger entra dans le salon de jeu et s'assit à une table de pharaon. Un vieux beau nommé Arthur Romsey, qui tenait alors la banque, venait de gagner mille livres sur un *doublet*. Cet Arthur Romsey était une sorte de poupée féminine serrée, tendue, ficelée dans un habit et une culotte de soie couleur Isabelle; il portait un corset, mettait du rouge et du blanc et se teignait les sourcils et les cheveux couleur blond d'enfant. Son bonheur au jeu, était si constant, si complet, que les superstitieux disaient qu'il portait un bout de corde de pendu noué autour du bras droit. Certains membres du club, les timides, retiraient leur enjeu quand il prenait les cartes. Arthur Romsey avait été insupportable, à première vue, au marquis d'Asburthon.

« Jouez-vous ce soir, monsieur le marquis, lui demanda sir Arthur avec un sourire qui fit gercer la couche de bismuth étendue sur ses joues.

— Oui, et gros jeu si vous voulez bien faire ma partie, » répliqua Roger en jetant une bank-note de mille livres sur le tapis.

Sir Arthur Romsey s'inclina autant

que le lui permettaient les baleines de son corset.

Le marquis avait ponté sur le roi de cœur. Sir Arthur abattit à sa droite un roi de cœur et gagna. Roger doubla son enjeu et perdit de nouveau.

Au bout d'une heure il avait perdu sur parole toute la fortune que lui avait léguée le vieux marquis d'Asburthon, et il jouait le domaine de la Tour du roi.

Lorsque sir Arthur Romsey amena pour la cinquième fois de la soirée le doublet qui lui faisait gagner le château d'Asburthon, les radieux qui faisaient cercle battirent des mains et poussèrent un hourra en l'honneur du beau colonel des dragons du roi. Un charmant sourire s'épanouissait sur le visage du gentilhomme ruiné, il tombait avec la grâce et l'élégance du gladiateur antique.

La misère qui l'attendait à la porte lui faisait oublier la blessure qu'il avait au cœur.

Il s'était grisé avec le jeu, et à cette

heure il n'avait plus la conscience de sa situation. Lorsqu'il se leva pour quitter le salon de jeu, l'expression de la plus profonde stupéfaction se peignait sur ses traits, dans la réflexion d'une glace il venait d'apercevoir le nabab Osmany accoudé à l'angle de la cheminée.

Osmany dans une élégante toilette de soirée et jouant avec une badine à pommeau de diamant.

L'indien s'avança vers lui avec l'allure

dégagée d'un parfait gentilhomme, et lui dit en le saluant :

« Voulez-vous me permettre de prendre votre partie, monsieur le marquis.

— Osmany! dit Roger, lui tendant les deux mains avec un élan plein de cordialité.

— Venez, fit le nabab à mi-voix, il ne faut pas que sir Arthur quitte le club avant de vous avoir donné votre revanche.

— Mais je n'ai plus rien à jouer, dit le marquis. »

En ce moment sir Arthur Romsey venait à eux en marchant sur les pointes de ses escarpins.

« Quand vous plaît-il, monsieur le marquis, fit-il d'une petite voix flûtée, que je prenne possession de la tour du Roi. »

Osmany se hâta de répondre :

« Si votre très-gracieuse personne veut nous faire l'honneur de nous accompagner dans le salon vert qui doit être désert à cette heure, monsieur le marquis d'Asburthon qui m'a chargé de régler cette affaire signera l'acte que je vais rédiger en dix lignes.

— Je suis tout aux ordres de monsieur le marquis, répliqua le vieux beau en s'effaçant pour laisser passer devant lui le jeune colonel.

Quand les trois hommes furent entrés dans le salon vert, Osmany offrit des siéges au marquis et à sir Arthur, et plaçant devant eux une petite table de laque de Chine :

« Je vais, dit-il, vous apprendre un joli

tour pour vingt mille livres, sir Arthur, mais veuillez d'abord me dire ce que vous estimez cette badine, et il lui offrit gracieusement la badine à pommeau de diamant.

— Mais, dit sir Arthur sur un ton sec, je ne suis pas marchand de cravaches.

— Je ne vous parle que du diamant, reprit Osmany, et vous devez bien connaître cette valeur, puisque votre père, le juif

Ephraïm Würmser fait ce trafic dans la Juden-Grass de Francfort.

— Sir Arthur devint livide sous son masque de rose et de lis.

— Consultez-vous, cher monsieur Würmser, continua Osmany avec un sourire moqueur. »

Sir Arthur se décida alors à examiner le diamant, et un cri d'admiration jaillit presque aussitôt de ses lèvres.

« Eh bien ? fit Osmany.

— Mais cette pierre est d'un prix inestimable, et un souverain seul pourrait la payer.

— Alors vous l'échangeriez sans regret contre les vingt mille livres et le château que vous venez de gagner au marquis d'Asburthon.

— Oui, fit sir Arthur, après avoir examiné de nouveau le diamant.

— Eh bien, je vais vous le jouer contre le château d'Asburthon et vingt mille livres.

— J'accepte la partie, demandez des

cartes, monsieur, dit sir Arthur au nabab.

— Bast, fit Osmany en s'asseyant à côté du marquis, ne vous gênez pas avec moi, cher monsieur Würmser, et jouez tout de suite avec le jeu bizauté que vous avez dans la poche droite de votre veste. »

Sir Arthur sauta sur sa chaise comme si quelque chien hargneux l'eut mordu sous la table.

Roger restait stupéfait de tout ce qu'il venait d'entendre.

Sir Arthur avait posé sur la table une charmante boîte d'or, au milieu de laquelle était enchâssé un émail mythologique des plus galants.

Osmany prit lestement la boîte et la mettant sous les yeux de Roger :

« Voyez, monsieur le marquis, quel charmant bijoux ; et quel chef-d'œuvre de mécanisme. Après avoir pris une pincée de macouba pour s'ouvrir les idées, on pose la boîte devant soi, en appuyant sur la perle enchâssée dans le couvercle, et à la place de Jupiter et de Léda vient se présenter comme par enchantement un petit miroir tout à fait commode pour voir le jeu que l'on donne à son adversaire; et Osmany fit jouer le mécanisme pour joindre la preuve à la démonstration.

« Est-ce un échantillon de la boutique de monsieur votre père, dit le marquis avec dégoût.

Sir Arthur semblait médusé sur son siége.

Osmany glissa la tabatière dans sa poche,

et d'un brusque mouvement de poignet fit sortir un paquet de cartes de sa manche droite avec l'habileté d'un escamoteur.

Les cartes battues par sir Arthur, Osmany coupa et tourna le roi de pique.

— Je commence, dit-il. Nous disons vingt mille livres et le château d'Asburthon sur un seul coup... Regardez bien, sir Arthur, avec quelle grâce je vais faire le doublet...

— Et tâchez de profiter de la leçon, ajouta Roger.

Osmany abattit sur la table deux dames de trèfle.

« Mais vous me volez effrontément, s'écria sir Arthur d'une voix étranglée, en voyant le nabab prendre le portefeuille qui contenait les bank-notes du marquis d'Asburthon.

— Parbleu ! fit Osmany impassible, et se tournant vers le marquis.

— Colonel Asburthon, dit-il, j'ai l'honneur de vous restituer la fortune et le château que le juif Samuel Würmser avait eu le bonheur de vous gagner cette nuit au Pharaon. »

Le vieux beau écumait de rage et lacérait son jabot de dentelles dans sa main crispée.

« Maintenant, reprit Osmany en se levant et en reprenant sa badine qu'il fit ployer sur la table, vous voyez cette badine de jonc, sir Arthur, eh bien ! je vous jure par le Dieu d'Israël de vous la briser sur le visage si vous êtes encore au *club des Beaux* dans cinq minutes. Depuis trois ans que vous exercez à Londres, vous avez volé tout près d'un million, ce qui est un joli denier. Regagnez dès demain la boutique paternelle, si vous ne voulez pas coucher sur la paille de Newgate la nuit prochaine.

— Rendez-moi au moins ma tabatière.

— Permettez-moi de la garder comme souvenir, répliqua le nabab, mais veuillez accepter en échange ce rubis du Brésil, qui m'a coûté deux cents louis de France. »

Le juif sauta sur la bague que lui offrait le nabab, et quitta le salon vert en dardant sur les deux partners des prunelles de chacal pris au piége.

Le roi des bohémiens et le marquis se regardèrent quelque temps en silence.

« Mais qui donc êtes-vous, s'écria enfin le jeune colonel en posant sa main droite sur l'épaule du nabab, vous qui faites des prodiges pour écarter de ma route tous les dangers ?

— Je suis le plus humble de tous les serviteurs de Votre Grâce, répondit le bohémien en s'inclinant, je suis le chien de garde, l'épée de chevet !

— Vous êtes le cœur le plus dévoué, l'ami le plus fidèle, dit Roger avec une ardente conviction.

— Et vous m'aimez un peu, » demanda Jean d'une voix émue.

Roger le prit dans ses bras et l'embrassa comme un frère.

« Maintenant que vous ne doutez plus, dit-il, vous parlerez.

— Monsieur le marquis, dit Jean de

France avec dignité, c'est parce que je n'ai jamais douté que je suis prêt à vous donner mon sang et ma vie. Mais ne me demandez pas un secret que la torture serait impuissante à m'arracher, dont la mort même ne pourrait me délier..... Ici comme au fort Saint-George, je dois me taire. Ayez confiance ! je veille !

CHAPITRE QUATRIÈME

IV

Après l'étrange disparition de la femme inconnue qui avait montré une si vive émotion à la vue du marquis Roger, mistress Celia s'était penchée en dehors de la voiture pour mieux voir le jeune colonel, mais son cœur n'avait pas battu plus vite et son regard chercha aussitôt son bien-aimé Lionel. Le jeune capitaine, en reconnaissant sa mère, avait fait un mouvement pour s'élancer, mais la discipline militaire l'enchaînait encore à son rang, et il dut se résigner à attendre.

Arrivé à la caserne, il écrivit un billet qu'il fit porter par un de ses dragons à l'hôtel de sir Robert Walden. Ce billet était adressé à sa mère, et contenait ces quelques lignes :

« Ma mère adorée,

« Le service a des rigueurs bien cruelles pour le cœur d'un fils. Je t'ai vue toi et ma chère miss Ellen, et je n'ai pu enfreindre mes devoirs pour aller te sauter au cou et baiser la main de celle que j'aime. Le roi va venir nous passer en revue. Mais dans quelques heures je serai près de toi, chère mère! près de mon vieil ami sir Robert Walden, près de ma fiancée adorée. Je t'embrasse comme je t'aime à plein cœur.

« LIONEL. »

Cette lettre avait trouvé miss Ellen et mistress Célia réunies chez sir Robert Walden.

Les cheveux du gentleman étaient devenus complétement blancs, et l'année qui venait de s'écouler semblait avoir pesé sur lui d'un poids énorme. Triste, préoccupé, sir Robert avait souvent avec mistress Celia des entretiens dont il écartait prudemment sa pupille. Lorsque mistress Celia, ce jour-là, lui eut tendu le billet de son fils, billet qui disait clairement que l'amour de Lionel pour miss Ellen ne s'était point affaibli, sir Robert ne put étouffer un soupir.

« Il faut en finir ! » se dit-il tout bas.

Puis s'adressant à miss Ellen :

« Mon enfant, reprit-il, voulez-vous me suivre dans mon cabinet? »

La solennité que mit le baronnet à faire cette demande parut préoccuper miss Ellen. Cependant elle n'adressa aucune question à son père adoptif qu'elle suivit docilement. Sir Robert s'enferma avec elle dans son cabinet et lui dit :

« Ellen, vous avez vingt et un ans, vous êtes douée d'une haute intelligence, et Dieu m'est témoin que je ne vous aimerais pas davantage si vous étiez réellement ma fille. »

Miss Ellen, étonnée de ce début, regarda curieusement le baronnet. Celui-ci poursuivit :

« C'est donc parce que vous êtes à l'âge où une femme est dans la plénitude de sa force et de sa raison, et que j'espère que vous me rendez un peu de l'affection que j'ai pour vous, que je crois devoir vous initier à des secrets qu'il serait peut-être imprudent de vous laisser ignorer. »

Miss Ellen demeura impassible.

« Croyez, mon oncle, dit-elle, qu'ils seront fidèlement gardés.

— Mon enfant, reprit le baronnet, il y a dix-sept années, la marquise d'Asburthon, lady Cécily, vint me demander un conseil. Séparée toute jeune de son mari qui, par son caractère fantasque, était devenu insociable, la pauvre femme avait été obligée de se cacher pour éviter les fureurs jalouses, les violences indignes de ce malheureux. Deux fois mère, elle avait fait croire à la mort de son second fils que lord Asburthon n'avait jamais voulu voir. Elle craignait, la pauvre femme, que le marquis ne le lui fit enlever quelque jour, car lord Asburthon a rendu le dernier soupir il y a trois ans, convaincu que cet enfant n'était pas de son sang, et, ajouta sir Robert, j'en atteste le ciel, lady Cecily était la plus pure, la plus noble des épouses. »

A ce moment de son récit, sir Robert fut interompu par miss Ellen, qui donnant à son visage un masque de surprise naïve, s'écria :

« Comment ! le marquis Roger d'Asburthon a un frère ?

— Oui mon enfant.

— Mais il l'ignore ?

— Oui.

— Et ce frère, où est-il ? »

Sir Robert reprit :

« Lord Asburthon, séparée de sa femme, était alors gouverneur des Indes ; son fils Roger vivait auprès de lui. Lady Cecily, demeurée en Ecosse, où elle possédait quelques biens, voulut rompre les derniers anneaux de la chaîne qui l'attachait encore à son mari, et pour cela elle fit croire à la mort de son second fils qu'elle fit élever sur les hautes terres, dans l'ignorance absolue de sa naissance. Connaissant le caractère farouche de lord Asburthon, j'approuvai les projets de la marquise, qui prit alors le nom de mistress Celia. »

Miss Ellen jeta un cri de surprise si instantanné, si vrai, que sir Robert eût parié sa tête que jamais, auparavant, sa pupille n'avait soupçonné la vérité.

« Comment! dit-elle, mistress Celia...

— Est lady Cécily.

— Et... Lionel?

— Lionel est le frère du marquis Roger.

— Mais alors, dit miss Ellen, quand lord Asburthon est mort, pourquoi lady Cecily, n'ayant plus rien à craindre, n'a-t-elle pas repris son rang et son nom; pourquoi n'est-elle point allée trouver son fils aîné; pourquoi... »

Sir Robert l'interrompit d'un geste.

« Ce fut moi, dit-il, qui apportai à lady Cecily la nouvelle de la mort de son mari. Je croyais qu'elle allait voler auprès de son fils aîné et reprendre son rang dans le monde. Je me trompais. Lady Cecily me dit avec tristesse :

« La loi anglaise qui régit l'aristocratie est impitoyable pour les cadets, qu'elle spolie complétement au profit de l'aîné. Celui ci a fortune, titres, honneur, tout enfin. De là ces haines sourdes qui divisent les familles. Vous le savez, mon ami, et l'infâme sir Jack Asburthon est un terrible exemple à nos yeux. »

Je m'inclinai, elle continua :

« Lionel se croit le fils d'un pauvre officier sans fortune; il est heureux ainsi. Savez-vous s'il le sera le jour où je lui révélerai sa naissance? savez-vous s'il ne sera point en proie, dès le lendemain, à quelque sombre jalousie?

— Et cet autre fils qui n'a jamais connu sa mère? m'écriai-je.

— Oh! celui-là, me répondit-elle, je n'ajouterai rien à son bonheur; et mieux vaut que je n'aille point jeter le trouble dans son cœur; et d'ailleurs, qui me dit qu'on ne lui a pas appris à mépriser et haïr sa mère ? »

Lady Cecily avait raison. Elle pouvait faire le malheur de ses deux fils, si parfaitement heureux jusque-là, en leur disant ce simple mot : « Vous êtes frères ! » Je laissai donc lady Cecily vivre ignorée sous le nom de mistress Celia, et les années s'écoulèrent. Un jour Lionel avait alors seize ans, toi dix-neuf, je m'aperçus avec terreur que Lionel t'aimait. »

Miss Ellen fit au mot de « terreur » une petite moue dédaigneuse.

« Mon enfant, reprit sir Robert Walden avec une gravité triste, pardonne-moi d'avance les dures paroles que mon cœur réprouve, mais que ma loyauté de gentilhomme me dicte. En ce monde, vois-tu, en dépit des philosophes, il est des institutions que rien ne peut ébranler. Un noble est l'égal d'un autre noble, un simple chevalier est autant qu'un duc et pair, et tous les gentilshommes sont solidaires les uns des autres. Je t'avais donné mon cœur, ma fortune, je t'appelais ma nièce, et cependant il s'éleva alors au fond de mon âme une voix réprobatrice qui me dit : « Topsy la bohémienne, peut-elle donc, sans crime, devenir la femme d'un gentilhomme? » Alors encore, je me mis aux genoux de lady Cecily et je lui avouai la vérité. Elle me releva, souriante, et me dit :

« Vous auriez raison, si Lionel devait un jour savoir qu'il est du sang d'Asburthon; mais, toute sa vie, Lionel sera le fils d'un pauvre officier, et, s'il aime votre pupille, de quel droit, vous ou moi, opposerions-nous un préjugé de race au bonheur de ces deux enfants? »

« Ce raisonnement me ferma la bouche et apaisa mes scrupules. Je m'accoutumai donc insensiblement à la pensée de te voir un jour la femme de Lionel, et cette pensée, je l'avoue, ne fit qu'augmenter l'affection que je te portais. Mais, un jour, je crus surprendre un secret. »

Ici miss Ellen, qui écoutait, les yeux

baissés, releva brusquement la tête et regarda son oncle avec assurance.

« Le secret de ton cœur, » ajouta sir Robert.

Miss Ellen se sentit pâlir. Sir Robert poursuivit :

« Ce n'était pas Lionel que tu aimais, c'était le marquis Roger. »

Un soupir s'échappa de la poitrine oppressée de la jeune fille. Sir Robert lui prit la main et continua avec bonté,

« Ne te défends pas, dit-il et écoute-moi encore. »

La prudente jeune fille pensa que, si « la parole est d'argent, » au dire des Arabes, ils ont mille fois raison d'ajouter que « le silence est d'or; » et elle se contenta de baisser de nouveau les yeux. Sir Robert Walden reprit :

« Donc, puisque tu n'aimes pas Lionel, le sacrifice que je vais te demander n'est pas grand. »

Miss Ellen regarda de nouveau sir Robert.

« Au lieu d'encourager l'amour de Lionel, il faut que l'éloignes de toi, et que tu l'aides à se guérir.

— Mais, mon oncle, puisque vous m'avez habitué à la pensée que je serais sa femme un jour.....

— Oui, parce que, alors, je pensais que Lionel ignorerait toute sa vie le secret de sa naissance.

— Il l'a donc appris ?

— Il peut l'apprendre, car, ajouta sir Robert d'un air mystérieux, il pourrait se faire, un jour, que le marquis Roger se démit de sa fortune et de ses titres, au profit de Lionel. »

Miss Ellen tressaillit.

« Ce qui, acheva sir Robert Walden, rendrait alors ton mariage possible avec Roger, qui, lui aussi, t'aime comme un fou.

— Oh! s'il en est ainsi, dit-elle, je puis vous assurer, mon bon oncle, que je ferai si bien qu'avant un mois Lionel ne m'aimera plus ! »

Qaelques minutes plus tard, miss Ellen, seule dans sa chambre, écrivant à Lionel le billet suivant :

« Cher bien-aimé Lionel, si vous m'aimez réellement, si une année d'absence ne m'a point effacée de votre cœur, vous ferez ce que je viens vous demander. Notre première entrevue, en présence de votre mère et de mon oncle, sera très-froide de ma part ; ne vous en alarmez pas : je vous aime!... mais des motifs, que je ne puis vous dire et desquels dépend notre bonheur à tous deux, vient me dicter cette conduite odieuse. Que ce mot, cher bien-aimé, vous rassure : « Je vous aime! » Bientôt vous saurez tout.

« ELLEN. »

Le billet cacheté, elle le fit porter à la caserne des dragons, par un valet qui lui était tout dévoué.

« Roger ou Lionel, l'un ou l'autre m'épousera, se dit-elle, mais ce sera celui qui sera pair et marquis..... Pauvre sir Robert! est-il naïf, continua la bohémienne, de s'être mis en tête que j'aimais Roger ! »

Et miss Ellen appuya son front dans ses deux mains et se mit à réfléchir. On eût dit un général combinant un plan de bataille.

CHAPITRE CINQUIEME

V

Pendant qu'Osmany conférait avec Bolton pour se rendre ensuite au *club des Beaux* et que sir Robert Walden confiait à sa nièce un secret qu'elle avait pénétré depuis longtemps, le roi passait en revue son régiment de dragons.

Depuis deux heures, Lionel était au supplice, et il attendait avec impatience le moment où il serait relevé de service. Pendant la revue, Roger ne lui adressa pas un seul mot, et ce fut un simple cavalier qui lui remit, de la part du colonel, l'invitation du roi. Georges III ne fit pour ainsi dire que paraître au banquet, qui fut présidé alors par le prince de Galles.

A dix heures, les convives quittèrent le palais de Saint-James.

Lionel s'approcha alors de son chef qu'il aborda avec toute la déférence d'un inférieur, et lui dit :

» Mon colonel, daignerez-vous à présent me permettre d'aller embrasser ma mère ? »

Roger tressaillit et regarda Lionel. Une jalousie d'amour, si terrible et si subite qu'elle soit, efface difficilement en quelques heures une année d'amitié. Roger eut un moment de repentir ; un moment il faillit tendre la main à Lionel et lui dire : « Pardonne-moi. » Mais soudain l'image de miss Ellen passa devant ses yeux ; un fer rouge lui traversa le cœur, et il détourna la tête pour cacher les larmes de colère et de dépit qui voilaient son regard. Il répondit au jeune capitaine ce mot seul :

« Allez ! »

Lionel salua et fit un pas de retraite. Puis il revint brusquement.

« Que voulez-vous encore ? dit Roger

qui s'arrêta et le toisa d'un air hautain.

— Mon colonel, dit Lionel d'une voix que l'émotion rendait tremblante, serez-vous assez bon pour m'accorder une minute d'entretien ?

Roger tressaillit.

« A quoi bon ? » dit-il.

Et il tourna sur ses talons, laissant Lionel immobile et muet de stupeur.

« O mon Dieu ! mon Dieu ! murmura le jeune homme en couvrant son visage de ses mains. Que lui ai-je donc fait ? »

En ce moment, le dragon qui lui servait d'ordonnance l'aborda.

— Mon lieutenant, lui dit-il, tandis que vous diniez chez le roi, on a apporté ce billet pour vous. »

Lionel s'empara du billet avec un empressement fébrile, car il venait de reconnaître l'écriture de miss Ellen ; et quand il en eut achevé la lecture, son angoisse augmenta.

« Mais, s'écria-t-il, que se passe-t-il donc ? »

Puis, tout à coup le souvenir lui revint, et il comprit que Roger, son protecteur, son frère d'armes, son ami, le haïssait à cette heure, et qu'entre le brillant marquis d'Asburthon et l'officier de fortune, le choix de sir Robert Walden ne serait pas douteux. Il s'en alla d'un pas chancelant, la mort au cœur, le visage baigné d'une sueur glacée jusqu'à la demeure de sir Robert Walden. Il essaya de songer, pendant le trajet, au bonheur de revoir sa mère, et ce bonheur fut empoisonné par la pensée que Roger aimait miss Ellen. Roger, son ami, son bienfaiteur!

Comme la porte de l'hôtel de sir Robert Walden s'ouvrait devant lui, un cri se fit entendre, un cri de joie délirante, et mistress Celia se jeta au cou de son enfant qu'elle tint longtemps étroitement embrassé. Lionel fondait en larmes; il regarda enfin par-dessus l'épaule de sa mère, croyant apercevoir miss Ellen, mais il ne vit que l'hon-

nête et grave visage de sir Robert Walden.
Miss Ellen était déjà fidèle à son programme. Elle attendait tranquillement Lionel au salon. Sir Robert la vit saluer froidement le jeune officier et lui tendre avec hésitation la main; mais ce qu'il ne vit pas, le digne gentilhomme ! ce fut le regard furtif qu'elle jeta à Lionel dans le miroir placé en face de lui. Ce regard voulait dire : « Croyez à ce que je vous ai écrit et ne vous alarmez pas. » Ce regard calma un peu les angoisses de Lionel qui

avait fini par raconter à sa mère, qui l'écoutait avec extase, la belle défense du fort Saint-George et l'héroïque conduite du marquis Roger. Mais il ne dit pas un mot de cette froideur subite et pleine de dédain que venait de lui témoigner le jeune colonel.

Lorsque la pendule sonna onze heures, Lionel se leva, son devoir le rappelait à la caserne, où il était de service la nuit. Miss Ellen le reconduisit jusque dans l'antichambre et lui glissa lestement une clef dans la main en même temps qu'elle lui disait à l'oreille :

« Revenez par le jardin tout de suite, il faut que je vous parle. »

Lionel s'en alla ivre de joie et d'espérance. Quand il fut parti, sir Robert dit à sa nièce :

« C'est bien, mon enfant, je suis content de vous.

— Pauvre Lionel! murmura miss Ellen, il a dû bien souffrir. »

Sir Robert soupira.

« C'est vrai, dit-il, mais il sera pair d'Angleterre quelque jour. »

Mistress Celia avait regagné son appartement, et sir Robert se trouvait seul alors avec sa pupille.

« Mon oncle, dit miss Ellen, permettez-moi au moins une question.

— Parle.

— Comment pouvez-vous supposer que le marquis Roger se dépouillera de bonne volonté en faveur de son frère ?

— Je n'ai pas dit de bonne volonté, mon enfant.

— Mais alors, ce serait une spoliation ?

— Une restitution plutôt. »

Miss Ellen prit son air le plus naïf.

« Le fils aîné de lord Asburthon n'a rien à restituer, ce me semble, à son cadet. »

Sir Robert Walden haussa imperceptiblement les épaules.

« D'ici à trois jours, dit-il, je m'expliquerai plus clairement. »

Et il baisa sa pupille au front et l'engagea à remonter dans sa chambre.

Miss Ellen feignit d'obéir et descendit au jardin par un escalier dérobé.

La clef qu'elle avait glissée dans la main de Lionel, était celle d'une petite porte de service qui ouvrait sur une ruelle voisine. Lionel qui connaissait parfaitement les êtres, était déjà dans le jardin lorsque miss Ellen arriva. La nuit était obscure, cependant il vit la jeune fille venir à lui par une allée couverte. Le peignoir dont elle s'était enveloppée était de couleur sombre et elle marchait avec précaution pour ne point faire crier le sable sous ses pas. Lionel accourut et se jeta à ses genoux.

« Relevez-vous, lui dit-elle en le prenant par la main; et suivez-moi sous ce berceau.

— Mon Dieu! lui dit Lionel, comme vous êtes émue, chère Ellen. »

Il l'était lui-même à ce point que la jeune fille entendait les battements de son cœur. Elle le fit asseoir auprès d'elle, sous le berceau et lui prit les deux mains.

« Mon cher Lionel, lui dit-elle, il faut que vous ayez foi en moi.

— Que voulez-vous dire ?

— D'abord vous allez me faire un serment.

— Lequel ?

— Que vous cacherez, même à votre

mère, le secret que je vais vous révéler.

— Au nom de l'amour que j'ai pour vous, je vous le jure.

— Mon oncle veut me marier.

— Ah ! fit Lionel qui sentit son cœur se briser.

— Il veut me faire faire un brillant mariage, poursuivit miss Ellen, car l'ambition lui tourne la tête; or, continua-t-elle, pour écarter de nous un péril plus grand que la colère de mon oncle, il faut que j'ai l'air d'approuver ses projets.

— O mon Dieu ! si vous alliez céder !.. » murmura Lionel avec effroi.

Elle lui serra la main :

« Ingrat ! dit-elle ; ne vous ai-je point dit que je vous aimais ? »

Et comme il se mettait à ses genoux, elle poursuivit :

« Je vous jure, Lionel, que je serai votre femme ! »

Il étouffa un cri de joie.

« Chut! dit-elle, mon oncle n'est point couché encore; s'il nous surprenait, tout serait perdu!

— Mais quel est donc ce péril qui nous menace?

— C'est ce que je ne puis vous dire encore. »

Tout à coup Lionel tressaillit violemment.

« Ah! dit-il, je sais quel est l'homme à qui l'on vous destine : c'est le marquis Roger d'Asburthon?

— Eh bien ! oui, dit miss Ellen, c'est lui !... Mais comment avez-vous pu le deviner ? »

Lionel raconta en quelques mots le changement subit qui s'était opéré chez Roger. La jeune fille eut alors ce sourire calme des femmes qui sont sûres d'un prochain triomphe.

« Ecoutez-moi bien, dit-elle. Je vous jure que je serai votre femme, et cela avant trois mois, mais à la condition que vous m'obéirez.

— Comme un esclave, dit Lionel.

— Votre mère, poursuivit miss Ellen, a déjà retenu un logement dans une maison voisine de cette habitation, vous demeurerez avec elle, et vous viendrez rarement me voir.

— Oh! qu'exigez-vous de moi, Ellen!

— Mais, ajouta miss Ellen en souriant, gardez cette clef; chaque soir, vers minuit, nous nous retrouverons dans ce jardin. Maintenant, je vous défends de provoquer Roger.

— Ah! dit Lionel, je l'aimais comme s'il eut été mon frère!... »

Les deux jeunes gens causèrent une heure encore, échangeant les plus doux serments. Puis miss Ellen congédia Lionel en lui rappelant qu'il était de service. Elle le reconduisit jusqu'à la petite porte du jardin. Lionel appuya ses lèvres sur la main qu'elle lui tendit, et ils se séparèrent en se disant :

« A demain. »

« Ah! murmura miss Ellen en se glissant dans sa chambre, mon bon oncle sir Robert aurait en moi un habile auxiliaire pour démasquer le faux marquis Roger.. mais il voudra agir seul!... »

Cependant, comme elle éteignait la lampe qui brûlait à son chevet et essayait de dormir, la figure bronzée et les yeux ardents d'Osmany lui apparut comme à travers un voile.

« Oh! cet homme!... dit-elle, lui seul peut renverser tous mes projets. Ce n'est point avec sir Robert, ce n'est pas avec Roger que je dois engager la lutte pour dévenir marquise d'Asburthon, c'est avec Jean de France ! »

Et la bohémienne eut un frisson de terreur.

Vingt-quatre heures s'étaient écoulées depuis la nuit où Osmany avait si lestement regagné la fortune du marquis d'Asburthon. Depuis cette nuit, Roger était resté enfermé dans son appartement, en proie à toutes les tortures de la jalousie. Il aimait éperdûment miss Ellen, bien qu'il eût à peine osé lui avouer son amour.

Sous les nuits étoilées de l'Océan, au feu du bivac, sur les mornes remparts du fort Saint-George, partout la radieuse image de la jeune fille était présente à sa pensée. Il revenait le cœur ivre d'amour, la tête enflammée, l'âme pleine d'espoir, et, au seuil de la patrie, un coup de foudre venait de briser le rêve de sa vie : miss Ellen était la fiancée de Lionel! A cette pensée, Roger avait des accès de fureur comme le lion captif qui use en vain ses griffes aux barreaux de sa cage. Le sang bohémien qui coulait dans ses veines, triomphait parfois de l'éducation anglaise. Alors il s'accusait de lâcheté et se repentait de n'avoir point provoqué Lionel et de ne l'avoir point tué sans pitié. Mais sa généreuse et vaillante nature reprenait le dessus, et alors il songeait que Lionel était son ami, qu'il avait longtemps pressé sa main, qu'il l'avait aimé comme un frère... et il maudissait son amour, se jurait de l'étouffer et de faire le sacrifice de son cœur au bonheur de Lionel.

Un moment, il avait espéré que le jeune officier viendrait le voir et lui demanderait une explication. Mais Lionel n'était point venu ; fidèle, en cela, aux recommandations de miss Ellen. Alors, à demi fou de douleur, Roger avait écrit le billet suivant :

« Le marquis d'Asburthon a l'honneur de demander une entrevue au baronnet sir Robert Walden, en le priant de faire agréer à miss Ellen Walden l'hommage de son respectueux dévouement. »

Le valet envoyé chez sir Robert Walden rapporta cette réponse :

« Sir Robert Walden présente à lord Asburthon ses plus repectueuses salutations, et regrette qu'une indisposition assez grave ne lui permette point de recevoir Sa Grâce. »

Roger, aveuglé par la colère, foula cette lettre aux pieds.

Comme il congédiait le valet, le marteau placé à la porte extérieure de l'hôtel retentit bruyamment. Roger souleva le rideau d'une fenêtre pour reconnaître le visiteur ; il espérait que le baronnet lui envoyait un second message. Une femme voilée, venue à pied sans doute, traversait la cour d'honneur. Un valet lui apporta une carte sur un plateau de vermeil. La carte portait une simple initiale : un E. Roger se précipita à la rencontre de la visiteuse. Elle avait sur le visage un voile si épais, qu'il était impossible de distinguer ses traits ; et cependant Roger la reconnut aux battements de son cœur, au trouble mystérieux qui s'empara de tout son être. C'était miss Ellen. Elle ne souleva point son voile, mais il acheva de la reconnaître au son de sa voix lorsqu'elle lui dit :

« Monsieur le marquis, pouvez-vous m'accorder un quart d'heure d'entretien ? »

Il la prit par la main, et, frémissant de joie, la conduisit jusqu'au fauteuil placé à l'angle de la cheminée. Alors miss Ellen releva son voile et Roger tendit vers elle ses mains suppliantes, comme s'il eût eu peur que cette gracieuse apparition ne le quittâ aussitôt.

« Vous ! vous ! » dit-il d'une voix brisée.

Son visage était pâle et des larmes roulaient dans ses yeux.

« Oui, moi, dit-elle, qui viens à l'insu de tous me mettre à votre merci.

— A ma merci, vous ? s'écria Roger stupéfait.

— Oh ! continua-t-elle, ne me jugez

pas légèrement, écoutez-moi avant de condamner la démarche étrange que je tente auprès de vous...

« — Moi vous juger, moi vous condamner ! s'écria Roger. Ah ! miss Ellen, vous êtes cruelle. »

Elle courba la tête, porta la main à ses yeux et reprit d'une voix faible et douce comme une prière :

« Monsieur le marquis, c'est en suppliante que je viens à vous. Ayez indulgence et pitié pour la plus malheureuse des femmes.

— Vous malheureuse, vous suppliante ! Ah ! dites-moi que la douleur a troublé ma raison, que je suis insensé. »

Elle releva sur lui ses beaux yeux qui brillaient comme des diamants noirs, et lui dit d'une voix brisée :

« Sir Robert Walden va disposer de ma main.

— Lionel ! s'écria le marquis.

— Sir Lionel, qui a la promesse de mon oncle, est venu la réclamer hier.

— Ah! je comprends maintenant pourquoi vous êtes ici, fit Roger d'une voix sourde. Vous venez me supplier de l'épargner... vous craignez pour la vie de celui que vous aimez.

— Que j'aime! fit-elle en levant les yeux au ciel.

— De celui qui sera votre époux? continua Roger avec rage.

— Oh! pas longtemps, fit-elle avec un

accent étrange ; car Dieu me prendra en pitié et me rappellera à lui. »

Roger jeta un cri.

« Vous n'aimez pas Lionel.

— Je l'aime comme un frère, voilà tout, » répondit-elle.

Roger vit se refermer l'abîme ouvert devant lui. Il tomba à genoux devant elle, et lui saisit la main avec une exaltation délirante.

« Jurez-moi, dit-il, que vous ne cherchez pas à me tromper.

— Je vous le jure.

— Ainsi, vous n'aimez pas Lionel ?

— Serais-je ici, si je l'aimais ? dit-elle simplement.

— Et, reprit Roger haletant d'émotion, c'est pour que je rompe cet odieux mariage que vous vous adressez à moi en suppliante ?

— Oui, dit-elle en courbant la tête pour cacher la rougeur de son front.

— Eh bien ! reprit Roger, je vous jure que, moi vivant, il ne s'accomplira pas. Je sais maintenant pourquoi sir Robert a refusé de me recevoir ; mais je saurai bien le forcer de m'entendre.

— Ce serait du temps perdu ! s'écria-t-elle avec un geste d'épouvante ; et posant sa belle main sur l'épaule du jeune homme : Roger, avez-vous foi en moi ?

— Comme j'aurais foi en ma mère, si Dieu me l'avait conservée.

— Eh bien ! à mon tour de vous demander un serment : jurez moi d'avoir une confiance aveugle dans mon amitié ;

jurez-moi d'obéir sans arrière pensée, sans hésitation, aux ordres... Elle se reprit et dit : aux prières que je vous adresserai.

— Mon cœur et mon âme vous appartiennent, » dit Roger avec entraînement.

Elle lui tendit la main et lui dit avec un adorable sourire :

« La marquise d'Asburthon vous remerciera un jour de votre dévouement, mon ami. Maintenant, que je sais que vous m'aimez, que je puis compter sur votre bras, comme sur votre cœur, je serai vaillante et forte pour défendre notre bonheur. »

Elle s'était levée et marchait lentement vers la porte, le regard fixé sur Roger, lorsqu'une voix enrouée cria au dehors.

« Pardieu! je n'ai pas besoin d'être annoncé, l'ami.

— Bolton! s'écria Roger, qui s'élança et tira rapidement le verrou de la porte.

— Bolton ! fit à son tour miss Ellen effrayée ; je suis perdue s'il me rencontre ici. »

Roger alla soulever une portière de soie, et ouvrit une petite porte qui donnait dans un élégant boudoir.

« Par cette salle vous pourrez gagner l'escalier du jardin, dit-il à mi-voix. Adieu, chère Ellen, et merci mille fois pour cette heure d'espérance et de joie. »

Et, après avoir posé ses lèvres sur la brune chevelure de la bohémienne, il la fit entrer dans le boudoir, dont il referma la porte à clef.

Bolton, qui n'avait pas cessé de se quereller au dehors, avec le valet de chambre, fit irruption dans le salon, lorsque Roger eut fait glisser les verrous dans leurs rainures.

« Par saint Côme, colonel, dit-il tout en s'éventant avec un foulard effiloqué, j'ai cru que j'allais être forcé de faire un siége en règle. Votre salon est un nouveau fort Saint-George.

— Je m'étais endormi dans ce fauteuil, dit Roger avec embarras. Pardon de vous avoir fait attendre, mon vieil ami ; et il lui tendit ses deux mains que le chirurgien serra avec la plus cordiale effusion.

— Allons ! s'écria ce dernier après s'être reculé de quatre pas pour le toiser avec admiration, on a bien raison de dire que les voyages forment la jeunesse : le dieu Mars en colonel de dragons.

— Oh ! c'est bien à vous d'être venu me voir le lendemain de mon arrivée.

— Pardieu ! la belle prouesse, il y a beau temps que je serais allé vous rejoindre en Amérique si le diable, qui s'est logé au fond de ma bourse, n'occupait pas toute la place.

— Il fallait vous adresser à mon intendant, » dit Roger sur un ton d'affectueux reproche.

Bolton se gratta la tête et reprit en souriant :

« C'est ce que j'ai fait ; mais ce coquin d'argent était encore plus pressé que moi de se sauver, si bien que, lorsque le navire quittait le pont de Londres, j'avais beau battre dans mes poches le rappel des guinées, toutes étaient restées à la taverne du *Saumon Galant*.

Roger ne put retenir un éclat de rire.

« Voyons ! procédons avec ordre, reprit Bolton en tirant un petit flacon de sa poche et en le posant sur la cheminée.

— Qu'est-ce que cela ? demanda Roger.

— Cela ? dit Bolton, c'est une drogue merveilleuse.

— Pas pour moi, je suppose, fit le marquis : j'ai une santé impertinente.

— Pour la médecine, oui, c'est parfaitement exact ; mais je n'en ai pas moins préparé cette essence à votre intention.

— Ah ! par exemple ! »

La physionomie de Bolton prit subitement une expression sérieuse et réfléchie.

« Monseigneur, dit-il après un temps, je suis venu ici pour vous entretenir de choses graves.

— Bah ! fit Roger avec un sourire moqueur : en tous cas, si votre histoire est aussi noire que votre drogue, je vais frémir de terreur. »

Il offrit au docteur le fauteuil que venait de quitter miss Ellen, et s'assit ensuite en face de la cheminée.

« Mon histoire, reprit Bolton, remonte à dix-sept années environ.

— C'est de l'histoire ancienne, alors.

— Non monseigneur, car vous en êtes le principal personnage.

— Mais j'avais trois ou quatre ans, à peine ?

— Justement.

— Contez, contez vite ! car vous commencez à m'intriguer fort.

— La scène se passe dans l'Inde, à Calcutta, poursuivit Bolton, sous le gouvernement du feu lord votre père. Par une nuit sombre, deux hommes s'introduisirent dans le palais du gouvernement et y volèrent un enfant.

— Ah! dit Roger, et quels étaient ces hommes?

— Des bohémiens.

— Et cet enfant?

— Votre Grâce!

— Il paraît alors qu'ils ne réussirent pas, puisque me voilà.

— Ils réussirent, au contraire, quand

le soleil se leva, vous étiez à dix lieues de Calcutta, au milieu d'un camp de bohémiens.

— Voilà qui est étrange ! murmura Roger.

— Étrange, mais vrai.

— Cependant on ne m'a jamais parlé de cela.

— Trois hommes seuls ont connu ce secret : le nègre chargé de veiller sur vous pendant votre sommeil, lord Asburthon et moi. Lord Asburthon et le nègre sont morts, je suis donc le dernier dépositaire de ce secret.

— Mais enfin, dit Roger, quel intérêt ces hommes avaient-ils à m'enlever?

— Un intérêt de vengeance. Votre père avait fait chasser leur tribu de Calcutta.

— Et que voulaient-ils faire de moi?

— Vous garder comme otage et faire payer à votre père une forte rançon.

— Les misérables!

— Mais, reprit Bolton, la nuit suivante, deux hommes pénétrèrent, l'épée et le pistolet au poing, dans le camp endormi des bohémiens. Ces deux hommes étaient votre père et moi. Les pistolets bavardèrent, les épées jouèrent... mais nous vous reprîmes sain et sauf. Malheureusement, les bandits vous avaient déjà imprimé un signe indélébile, la marque de leur tribu.

— Ah! s'écria Roger, c'est donc ce signe bleuâtre que j'ai en haut de l'épaule droite et dont j'ignorais l'origine?

— C'est ce signe, dit Bolton, signe fatal

qui a bien souvent troublés les rêve de votre père, stigmate affreux qui pourrait un jour faire prendre le noble marquis Roger d'Asburthon pour un véritable bohémien. »

Le marquis se redressa avec un geste d'épouvante, et ses yeux se fixèrent sur la porte par laquelle miss Ellen venait de sortir. Ce regard n'échappa pas à Bolton dont les sourcils se contractèrent, mais il était trop avancé pour reculer en ce moment.

« Ah! poursuivit Bolton, cette pensée

était si épouvantable pour votre père, qu'il essaya sur vous, enfant, tous les toxiques de l'Inde, espérant toujours faire disparaître la marque rebelle.

— Qui donc oserait douter de mon origine? reprit Roger dont les yeux jetèrent un éclair de fierté.

— Hé! mon Dieu! fit naïvement Bolton, ne pensez-vous pas que, riche, noble et brave, vous n'ayez pas d'envieux?

— Soit! mon cher Bolton; mais que pouvons-nous faire à cela, puisque cette marque est ineffaçable ?

— Il y a vingt ans que je cherche le moyen de la faire disparaître, dit Bolton à mi-voix, et c'est depuis deux jours seulement que j'ai trouvé le secret.

— Eh bien ! dit Roger avec un mouvement de joie, s'il en est ainsi, mon cher docteur, à l'œuvre ! car le scandale ou le ridicule ne doivent point atteindre le fils de lord Asburthon, un pair d'Angleterre.

— Je venais supplier Votre Grâce de me

recevoir ici chaque soir à l'heure de son coucher. Je lui ferai un pansement qui, je l'espère, au bout de huit jours, n'aura laissé aucune trace du stigmate appliqué par les bohémiens.

— Eh bien ! répondit Roger, venez souper avec moi chaque soir, mon cher Bolton. Nous commencerons aujourd'hui. »

Bolton s'inclina.

« Mais, ajouta Roger, je vous demanderai de me laisser quelques minutes seul dans ce salon ayant un ordre pressé à expédier.

— J'allais solliciter de Votre Grâce la permission de me retirer, répondit Bolton qui remit la fiole dans sa poche, car j'ai un malade à visiter dans le quartier.

— Allez, mon ami, fit Roger, et soyez de retour dans une heure au plus tard. »

Bolton prit son chapeau et sortit. Lorsqu'il eut gagné la cour de l'hôtel, il tira de sa poche un objet qu'il avait trouvé sur le fauteuil où il s'était assis, et l'examina à la lueur d'une lanterne. C'était un gant de femme.

« Je m'en doutais, mordieu! dit-il en frappant du pied avec colère : je sais maintenant de quelle nature est la correspondance que va expédier mon jeune marquis! »

Et il sortit sans prononcer un mot; mais à dix pas de l'hôtel, il s'arrêta brusquement et, se jetant dans l'enfoncement d'une porte, il attendit, enveloppé dans son manteau. Une voiture stationnait à dix pas de là. Au bout de cinq minutes, il vit une ombre se glisser le long du mur du jardin de l'hôtel, et une femme voilée monter dans la voiture qui partit au grand trot.

« Ma foi, se dit-il en enfonçant son chapeau d'un vigoureux coup de poing, mon ami Roger soupera seul ce soir, mais je saurai à qui j'ai compté ce soir mon histoire en partie double et en partie fine. »

Et courant après la voiture, il se hissa jusqu'aux é.rivières et il s'y tint accroché comme un valet de bonne maison.

A peine le docteur avait-il quitté le salon, que Roger s'élançait dans le boudoir. Miss Ellen traversait en ce moment le jardin de l'hôtel. Un soupir s'échappa de la poitrine oppressée du marquis.

Lorsque la bohémienne se fut assise sur les coussins de la voiture, elle abaissa une des portières et trempa son visage dans l'air glacé de la nuit. Le masque d'amour et de dévouement qu'elle avait porté ce soir là, lui brûlait le visage.

« Allons ! se dit-elle avec un sourire de

triomphe, on a raison de dire qu'il y a un dieu pour les bohémiens. J'ai beau répudier ma race, l'instinct est plus fort que ma volonté. C'est un habil homme que ce docteur Bolton, et il vient de me rendre un service que je tâcherai de lui bien payer un jour. Je vais offrir à Jean de France la paix ou le guerre : la paix s'il veut me servir, la guerre s'il veut m'entraver dans mes projets. »

Après avoir roulé pendant une demi-heure sur le pavé de Londres, la voiture s'arrêta devant la maison de sir Robert Walden.

Bolton sauta alors à terre et s'enfuit comme un voleur de nuit. Il savait à quelle femme il venait de servir de valet de pied. Sir Robert Walden était sorti avec mistress Cella qui s'occupait de sa nouvelle installation. Miss Ellen s'enferma dans sa chambre et écrivit le billet suivant.

« Topsy désire voir Jean de France. Elle

lui indique le cottage de Deptford pour lieu de rendez-vous, ce soir à dix heures. »

Elle eut soin de renverser son écriture de droite à gauche, de façon à pouvoir la nier un jour, si besoin était, et elle écrivit sur l'enveloppe :

« *Au très-honorable Osmany, gentleman.*

Piccadilly. »

Puis elle s'accouda sur le dossier de son fauteuil et murmura en souriant :

« Ce serait vraiment plaisant de voir deux bohémiens à la tête de la grande aristocratie anglaise. »

# CHAPITRE SIXIEME

VI

Il était sept heures du soir lorsque le billet de miss Ellen parvint au nabab Osmany. Il était en conférence avec Bolton.

« Ainsi, disait le roi des bohémiens,

vous êtes bien certain que cette femme était miss Ellen.

— Aussi certain que j'ai pris un affreux torticolis derrière sa voiture.

— Vous savez, dit Jean de France en fronçant le sourcil, que Roger l'aime comme un fou.

— C'est une fine mouche, la petite, elle veut devenir marquise d'Asburthon.

— Mais moi je ne le veux pas, répondit Jean de France, et cela ne sera pas. Oh! ajouta-t-il, je sais, mon cher docteur, que

Topsy la bohémienne n'est pas un adversaire à dédaigner. Elle a la patience, la souplesse et l'astuce de notre race, elle est forte pour le mal, comme d'autres sont forts pour le bien. Un courage et une volonté indomptables. Rusée et patiente, ses ongles roses sont des griffes acérées, et il faut être de ma taille pour lutter avec elle. Je n'aurais aucune merci à attendre, si jamais je tombais en son pouvoir. Ajoutez à cela qu'elle domine complétement sir Robert

Walden qui n'a d'autre volonté que la sienne.

— Et que ce vieux gentleman, reprit Bolton, a conservé sous ses cheveux gris, toutes les fougues et tous les emportements de la jeunesse.

— Ah! dit Osmany, j'aimais mieux avoir sir James pour adversaire. Il était franchement misérable, il conspirait à ciel ouvert; et on pouvait presque le suivre pas à pas.

Comme Osmany parlait ainsi, un domestique lui apporta le billet de miss Ellen. Il l'ouvrit et laissa échapper une exclamation de surprise :

« Tenez, mon cher docteur, dit-il à Bolton, lisez ! Si je conservais un dernier doute sur l'identité de la femme que vous avez vue sortir de l'hôtel d'Asburthon, ce doute s'évanouirait.

— Mordieu ! je serais curieux de savoir ce qu'elle peut vous vouloir, dit Bolton après avoir lu le contenu du billet. C'est peut-être un piége qu'elle vous tend. »

Osmany eut un sourire de mépris.

« Cette fois-ci, dit-il, je me garerai du poignard.

— Ainsi vous irez à ce rendez-vous?

— J'y vais à l'instant! dit Jean de France qui appela Samson. »

Le géant qui se tenait dans la pièce voisine passa sa large face couronnée de cheveux gris et crépus dans l'entre-bâillement de la porte.

« Tu vas prévenir Elspy et Dinah de se tenir prête à partir dans une heure. Elles seront plus en sûreté à bord du *Fowler* qu'au Wapping.

— Oui, maître, répondit Samson.

— Tu les conduiras au bord de la Tamise, et tu y prendras mon canot. Là, vous m'attendrez.

— Qu'est-ce que cette Elspy ? demanda Bolton lorsque Samson eut disparu. »

Jean de France rougit légèrement :

« Elspy, dit-il, c'est une Topsy bonne et dévouée, c'est la femme qui mérite d'être aimée.

— Et je vois qu'elle l'est, murmura le vieux chirurgien, si j'en crois l'émotion de votre voix.

— Oui, fit le bohémien avec un doux sourire. »

Bolton regardait Jean de France. Il examinait ce front intelligent, ce nez fin et droit, signe d'une volonté inflexible, ce regard clair et brillant comme celui d'un aigle.

« Vous avez une tête de roi, dit-il.

— Vous vous trompez, répondit Jean

de France, j'ai la tête d'un homme qui peut faire des rois. Moi je ne veux régner que par mes créatures, la grandeur de ceux que j'élève me suffit. »

Il regarda la pendule et dit ensuite :

« N'oubliez pas que Roger vous attend à huit heures, mon cher docteur. »

Bolton se leva en disant :

« Je vous reverrai demain soir et je vous dirai quelle est est mon opinion sur la drogue de Josué. »

Bolton partit, Jean de France endossa

un costume de matelot et sortit de son hôtel par une petite porte afin de n'être point remarqué de ses gens ; il se dirigea à pied vers la Tamise, à l'endroit qu'il avait indiqué à Samson comme lieu de rendez-vous. Samson, Elspy et Dinah étaient déjà dans la barque.

« Où allons-nous ? demanda Samson.

— A bord du *Fowler*, répondit Jean, et ensuite au cottage de Deptford. »

A ce nom, le bohémien vit luire deux

prunelles ardentes sous le capuchon qui enveloppait la jolie tête d'Elspy.

« Jean, dit-elle, laisse-moi t'accompagner, je resterai dans la barque avec ma sœur et Samson.

— Pourquoi me demandes-tu cela ? fit Jean en lui prenant la main ; n'as-tu plus confiance en moi ?

— J'ai peur, répondit-elle en se serrant contre lui ; j'ai fait cette nuit un rêve affreux, et ce matin Cynthia a vu du sang en tirant les cartes.

— Et tu crois aux rêves et aux cartes ?

— J'y crois! dit-elle d'une voix grave.

— Alors tant pis pour miss Ellen, reprit le bohémien ; si la tigresse cherche à mordre ce soir, les cartes auront raison. Viens avec nous, chère enfant, et ne tremble plus. »

La barque glissa silencieuse à travers les navires qui couvraient la Tamise.

. . . .

Miss Ellen était arrivée à son cottage bien avant l'heure du rendez-vous. Elle s'y était rendue en voiture, dès neuf heures, seule, armée d'un petit poignard à manche de nacre et d'une paire de ces longs pistolets à crosse d'argent ciselé que les armuriers d'Edimbourg fabriquent encore aujourd'hui pour les chefs de clans.

Miss Ellen comptait trop sur elle-même pour avoir besoin d'autres défenseurs. Elle pénétra seule dans le cottage et ne se procura de la lumière que lorsqu'elle fut arrivée dans ce petit salon où déjà elle avait reçu le roi des bohémiens. Alors laissant les persiennes fermées, elle s'appuya sur le balcon de fer et regarda le fleuve en amont de la ville. La nuit était claire et les vagues réflétaient les rayons de la lune. Après une heure d'attente, miss Ellen vit une barque descendre le fleuve dans la direction du cottage, et amener sa voile lorsqu'elle n'en fut éloignée que d'une trentaine de brasses. Un homme de taille herculéenne était à l'avant. Miss Ellen reconnut Samson et distingua à l'arrière un groupe de trois personnes, un homme et deux femmes.

Miss Ellen accueillit Jean de France comme elle aurait reçu un visiteur dans le salon de sir Robert Walden.

« Comment arrivez-vous, Jean ? lui dit-elle. Avez-vous descendu le fleuve en bateau.

— Oui, miss Ellen.

— Vous êtes un parfait gentleman de vous rendre ainsi à mon invitation. »

Le bohémien s'inclina humblement.

Miss Ellen s'assit et, d'un geste, elle indiqua un siége au visiteur.

« Cher ennemi, lui dit-elle d'une voix légèrement railleuse, vous pensez bien, j'imagine, que si j'ai voulu vous voir, c'est que les hostilités étaient suspendues entre nous. Ainsi, ne craignez ni trahison ni embuscades, ni trappes cédant sons le pied, ni fer, ni poison. Tout le danger est pour moi ce moment, ajouta-t-elle avec un sourire moqueur.

— Miss Ellen, dit Jean de France avec

calme, oserai-je vous demander ce qui me vaut l'honneur de ce tête-à-tête?

— Oui, certes; je viens vous proposer la paix.

— Ah!

— Quand deux adversaires se sont mesurés et ont reconnu leur force respective, je crois, reprit miss Ellen, qu'ils peuvent se tendre la main.

— Je suis prêt à baiser la vôtre, » répondit ironiquement Jean de France.

Miss Ellen continua :

« L'histoire de l'écrin et de Nathaniel m'a prouvé ce que j'avais à craindre de vous ; mais le dénoûment de cette aventure a dû vous montrer que je ne me tenais point pour battue.

— En effet...

— Non plus que ce coup de poignard qui vous a été donné par certaine indienne.

— Apostée par vous, continua le roi des bohémiens.

— C'est vrai, dit-elle froidement. Mais

à ce propos, vous me devez des explications.

— Vous croyez?

— Assurément, puisque le ciel a fait très-heureusement un miracle en votre faveur.

— En effet, dit Jean; vous pensiez que l'arme était empoisonnée. Eh bien, chère miss Ellen, on vous avait trompée. Sachant que Daï-Natha est un peu folle, le brahmane qui l'accompagne a eu l'ingénieuse idée de substituer au poignard empoisonné qu'elle porte à sa ceinture, un simple poignard de fer émoussé, tout à fait inoffensif : j'en ai été quitte pour une égratignure.

— Je viens vous offrir la paix, dit la bohémienne en l'enveloppant de son sourire le plus séducteur.

— Voyons les conditions ?

— Une seule : la neutralité.

— C'est peu et c'est beaucoup.

— Il y a un an, reprit miss Ellen, je me suis posé cette question : Quel intérêt Jean de France, qui est un bohémien comme moi, a-t-il à protéger le marquis d'Asburthon, fils de ce lord Asburthon qui persécuta notre race?

— Vous vous êtes demandé cela?

— Je me suis demandé cela, et sans un événement tout à fait inespéré, je n'aurais certes pas deviné.

— Ah! vous avez deviné? »

Miss Ellen le regarda avec assurance.

« J'ai la certitude, dit-elle, que le marquis est un fils naturel de lord Asburthon et d'une bohémienne appelée Cynthia. »

Jean de France resta impassible.

« Je sais bien, poursuivit miss Ellen, que Bolton et vous avez arrangé une jolie histoire à l'usage du marquis, et que, d'ici à huit jours, la marque des zingari aura disparu de son épaule comme elle a disparu jadis de la mienne.

— Oh! mais vous savez bien des choses alors, » dit Jean sur un ton de moquerie qui déconcerta un instant la bohémienne.

Elle reprit :

« J'ai comme vous ma police secrète.

L'histoire que le chirurgien Bolton a racontée au marquis peut abuser des esprits naïfs comme celui de mon honorable tuteur sir Robert Walden, mais ne saurait me tromper, moi !

— Vraiment ?

— Donc le marquis Roger est un bohémien comme nous.

— Soit. Après ?

— J'aime le marquis Roger, reprit-elle d'une voix vibrante.

— C'est-à-dire, interrompit Jean, que

tu aimes le titre qu'il porte et la fortune qu'il possède.

— Je suis aimée du marquis d'Asburthon, continua-t-elle avec calme, pourquoi vous opposez-vous à ce qu'il me donne son nom?

— Mais parce que nous ne l'avons pas fait marquis et pair d'Angleterre pour qu'il épouse une zingara.

— Et de quel droit jouez-vous cette indigne comédie?

— Oh! dit le bohémien, ne parlons pas

de droit, chère miss Ellen. Nous sommes des bohémiens, nous autres, et nous ne saurions être plus scrupuleux que le très-honorable sir Robert Walden qui a présenté à la cour une fille de notre sang.

— Ecoute, Jean, reprit la zingara d'une voix douce, je te supplie à deux genoux de me pardonner le mal que j'ai voulu te faire, d'oublier mes injures et mes violences.

— Et de te laisser épouser Roger d'Asburthon ? continua Jean.

— Eh bien oui, je suis une ambitieuse; oui, j'ai la fièvre, la folie d'orgueil; et c'est justement parce que Roger est de notre race, que je voudrais partager avec lui le manteau d'hermine que vous avez jeté sur ses épaules. Si tu savais, Jean, ce que je souffre à certaines heures, lorsque cette idée vient brûler mon cerveau comme une flamme! ah! tu aurais pitié. Epouse de lord Asburthon, pair d'Angleterre! moi une zingara! porter sur mon front une couronne de marquise! C'est par orgueil que vous avez fait un grand seigneur du fils de Cynthia. Eh bien, je te jure que si tu me laisse grandir en puissance, vous serez fier un jour de votre sœur. Je serai aimante et bonne pour vous tous, et vous n'aurez pas de cœur plus dévoué que la marquise d'Asburthon.

— C'est impossible! dit Jean avec un geste d'impatience; sois grande dame si tu peux, mais je ne veux pas, je te le répète, que le fils de ma sœur, que notre roi te serve de marche-pied.

La bohémienne se redressa, pâle comme un linceul, les lèvres frémissantes de colère.

« Je t'ai supplié, Jean, dit-elle, et tu as été sans pitié. Maintenant, c'est la guerre. Tu veux que je reste bohémienne? Eh bien je lutterai avec les griffes et les dents comme une fille du désert. Garde-toi, Jean! garde-toi!

— Comme tu voudras, répondit froidement Jean de France. Cependant je te donne vingt-quatre heures de réflexion

— Pas une minute, » dit-elle.

Jean de France haussa les épaules et reprit son chapeau et son manteau.

Comme il allait franchir le balcon, la zingara le retint.

« Attends encore, dit-elle. Cette fois il y avait un léger tremblement dans sa voix.

— J'écoute, dit le bohémien.

— Veille plus que jamais sur le fils de ta sœur, Jean! sur ton roi! Son ennemi rampe dans l'ombre à cette heure. Souviens-toi du capitaine Maxwell et du fort Saint-George.

— J'étais déjà prévenu, dit Jean, mais je ne t'en remercie pas moins de l'avis.

— Un dernier mot : quelles sont les femmes qui t'attendent dans ta barque ?

— Elspy et sa sœur.

— Ah ! la belle Égyptienne.

— En serais-tu jalouse ?

— Risquerais-tu ta vie pour elle ? continua la zingara.

— Oui, dit Jean avec élan.

— Alors je suis plus forte que toi, car tu ne peux me frapper que dans mon ambition, et moi je puis te briser le cœur.

— Essaie donc? »

Une flamme sinistre passa dans le regard de la bohémienne, qui étendit le bras vers la fenêtre. « Pars! dit-elle, et souviens-toi que je me suis humiliée devant toi! »

. . . .

Quelques minutes après, debout sur la berge, Jean de France, qui avait fait entendre un coup de sifflet, suivait du regard l'embarcation qui remontait le courant. Chaudement enveloppées dans un grand manteau, les deux sœurs étaient assises à l'arrière : Elspy tenait la barre, Samson filait l'écoute de la voile. La barque toucha le bord, Jean de France y entra et serra Elspy dans ses bras.

« Ah! dit-elle d'une voix brisée. Cette femme nous sera fatale, mon ami ; pendant que tu étais auprès d'elle, une étoile est tombée derrière la maison.

— Bast! dit Jean, c'est qu'elle était mal accrochée.

— Ne riez pas, Jean. C'est un signe de mort! » reprit à son tour Dinah.

Comme la barque remontait le courant en frôlant les roseaux de la rive, un éclair brilla dans la nuit et une balle siffla dans l'air. Elspy jeta un cri de douleur et roula inanimée dans les bras de Jean de France.

CHAPITRE SEPTIEME

VII

Dans Lower Thames street on trouvait une petite boutique qui avait pour enseigne cette devise singulière : *Au temple de la Fortune.*

La devanture était peinte en rouge. Derrière les carreaux appendaient des objets bizarres, tels que des chapelets à grains noirs odorants, comme en portent les prêtres de Mahomet, des bourses en peau de musc, des amulettes en corail et des sachets renfermant quelque mystérieux parfum des contrées tropicales. Cette boutique était tenue par l'Indienne Daï-Natha. La bayadère avait changé de profession, elle ne dansait plus, elle disait la bonne aventure. Daï-Natha, qui vendait aussi des parfums et des cosmétiques, elle avait pour clients tous les membres du *club des Beaux*. Pour un schelling, elle prédisait l'avenir et vous mettait au courant d'un danger qui vous menaçait. Cependant comme la rumeur publique s'empare de toutes choses, Daï-Natha passait, dans son quartier, non-seulement pour une sorcière, mais encore pour l'*amie* de la mort. On racontait, parmi le populaire, d'étranges histoires. Ceux qui venaient la consulter, disait-on, ne tardaient point à hériter. Ainsi, depuis trois mois, un fils avait perdu son père et ses deux frères, un mari sa femme, un neveu ses deux oncles, etc. Daï-Natha vendait à ces héritiers trop pressés le moyen d'avancer l'heure de l'héritage. Par deux fois, la police, émue de semblables bruits, avait fait une descente chez la bayadère, mais la police n'avait rien trouvé.

Or, environ deux heures après que miss Ellen eut tiré sur Elspy, la maîtresse de Jean de France, la zingara enveloppée dans un grand manteau et le visage couvert d'un voile épais, se glissa dans la boutique de l'Indienne. Daï-Natha était seule. Il était alors près de minuit et les rues étaient désertes.

« Ferme ta porte, dit miss Ellen d'un ton impérieux. Il faut que je te parle. »

Daï-Natha obéit, puis elle vint prendre les deux mains de la jeune fille et les porta respectueusement à ses lèvres. Alors miss Ellen se débarrassa de son voile et de son manteau, regarda fixement l'Indienne et lui dit :

« Il n'est pas mort.

— Qui donc? fit Daï-Natha qui se dressa comme une vipère.

— Le voleur du Dieu Sivah. »

Daï-Natha haussa les épaules et répondit :

« C'est impossible.

— Je te dis qu'il n'est pas mort, » répéta miss Ellen.

Daï-Natha la regarda d'un œil stupide.

« Je l'ai vu, poursuivit miss Ellen.

— Vous.. l'avez... vu ?

— Je lui ai parlé!

— Quand ?

— Il y a une heure. »

Daï-Natha regardait toujours miss Ellen et semblait se demander si miss Ellen n'était pas folle. Mais elle s'exprimait froidement, avec l'accent de la conviction, et Daï-Natha finit par s'écrier :

« Alors cet homme est protégé par une puissance surnaturelle.

— Non, dit miss Ellen, rien de tout cela.

Le brahmane a changé ton poignard empoisonné contre une arme inoffensive. »

Mais Daï-Natha secoua la tête d'un air découragé :

« J'aime mieux croire qu'il a un talisman, dit-elle.

— Contre le fer, c'est possible, dit miss Ellen qui savait qu'il était inutile de lutter contre la superstition de l'Indienne, mais tu as dans ta boutique des venins mortels contre lesquels il sera sans défense. »

La haine de Daï-Natha se réveillait lentement; son œil s'alluma, ses lèvres blanchirent; tout son visage prit une expression hideuse.

« Où le trouverai-je? dit-elle.

— Il habite un somptueux hôtel dans Piccadilly.

— C'est bien, dit l'Indienne. Avant trois jours vous aurez entendu parler de moi.

— Il passe pour un nabab de ton pays et se fait appeler Osmany, » ajouta miss Ellen.

Chacune de ses paroles se gravait en traits de flamme dans la mémoire de l'Indienne.

« Te voilà prévenue, dit-elle. Bonsoir »

Elle remit son manteau, abaissa de nouveau son voile sur son visage, et allait sortir, lorsqu'un pas d'homme retentit dans la rue et s'arrêta au seuil extérieur de la boutique dont les volets étaient fermés. Miss Ellen s'arrêta immobile. On frappa deux coups discrets.

Daï-Natha interrogea la jeune fille d'un regard. Miss Ellen hésita un instant ; puis elle se réfugia dans l'arrière-boutique, séparée de la première pièce par une cloison vitrée garnie de rideaux à l'intérieur.

« Ouvre, dit-elle. »

Un vague pressentiment avertissait miss Ellen que le visiteur attardé allait l'intéresser d'une façon quelconque. Daï-Natha entre-bâilla sa porte :

« Qui est là ? demanda-t-elle.

— Un homme qui paye généreuse-ment. »

Miss Ellen, cachée dans l'arrière-bouti-que, tressaillit au son de cette voix.

L'Indienne ouvrit sa porte toute grande et miss Ellen qui pouvait tout voir sans être vue, examina le visiteur. C'était un homme de taille moyenne, aux cheveux roux et grisonnants, au visage long et an-guleux comme le museau d'une fouine.

Il était coiffé d'un bonnet fourré qui lui

descendait sur les yeux, et le col relevé de son manteau lui enfouissait le menton.

« Tu as beau te cacher, pensa miss Ellen, je t'ai reconnu. »

Le visiteur jeta un regard défiant autour de lui.

« Sommes-nous seuls? demanda-t-il.

— Oui, répondit Daï-Natha, à qui l'amour du gain fit oublier momentanément Osmany et miss Ellen.

— Que désire acheter Votre Honneur?

veut-il des chapelets, des pipes, des parfums ?...

— Non.

— Souhaite-t-il que je lui dise la bonne aventure ?

— Peut-être ! dit l'inconnu, dont cette proposition semblait servir les projets.

— Alors, que Votre Honneur veuille bien me confier sa main, dit gravement l'ex-bayadère.

— La voilà. »

Daï-Natha prit la main qu'il lui tendait,

l'examina avec attention et dit à son nouveau client :

« Il y a de par le monde un homme que vous haïssez.

— Jusqu'à la mort! répondit le visiteur.

— Vous avez attenté trois fois déjà à sa vie.

— C'est vrai.

— Et vous avez toujours échoué. »

L'inconnu fit un signe de tête affirmatif.

« Cependant, il y a un moyen de vous en débarrasser.

— Ah! fit l'inconnu, qui plongea son regard dans les yeux de Daï-Natha. Lequel?

— Le poison.

— Je l'ai pensé comme vous, dit froidement l'inconnu, et je viens ici pour en acheter.

— Je n'en vends pas, répondit l'Indienne. On a mal renseigné Votre-Honneur. »

Cette réponse inattendue fit faire un pas en arrière au visiteur. La prudente Daï-Natha poursuivit :

« Je sais bien qu'on m'accuse de vendre du poison ; mais cela est faux, mon bon seigneur. Je dis la bonne aventure, voilà tout.

En ce moment, il se fit un léger bruit dans l'arrière boutique, bruit qui échappa à l'inconnu, mais qui parvint à l'oreille exercée de Daï-Natha. L'indienne se dirigea sans affectation vers une des vitrines de sa boutique tout en continuant à entretenir son visiteur.

« J'ai de fort beaux bracelets en corail, mon cher seigneur. Ne voulez-vous point en acheter un ? Je pourrais vous vendre également un narghilé à tuyau de cerisier et à bouquin d'ambre.

— Non, je ne veux rien de tout cela, murmura l'inconnu visiblement désappointé.

— Tenez, continua Daï-Natha, je vais vous les montrer. »

Elle passa dans l'arrière-boutique, et soudain miss Ellen colla ses lèvres à son oreille :

« Cet homme va se charger de ta vengeance, lui dit-elle ; donne-lui le poison qu'il te demande, et glisse dans la boîte qui le contiendra ce papier. »

Et elle lui tendit un feuillet de son carnet sur lequel elle avait crayonné ces mots : « Le nabab Osmany *d'abord*, si vous voulez réussir ! » Elle reprit après deux secondes de réflexion :

« Ne lui remets aujourd'hui que la dose nécessaire pour tuer une seule personne. Tu as bien compris ? »

Daï-Natha revint avec un petit coffret qu'elle plaça devant son visiteur nocturne.

« Tenez, dit-elle, j'ai là un chapelet en noix strychnos de Bornéo, qui ferait bien votre affaire. »

L'inconnu tressaillit :

« Que voulez-vous dire par ce mot ?

— Les baies de strychnos sont un poison mortel. »

L'œil de l'inconnu pétilla de joie. Daï-Natha ouvrit le coffret et en retira un chapelet à gros grains noirs qui exhalaient un parfum étrange.

« On peut le porter à son cou, dit-elle, et jouer avec; mais il ne faudrait pas en faire dissoudre un grain dans de l'esprit-de-vin, et l'avaler ensuite, mon bon seigneur!

— Ah!

— On serait mort au bout de cinq minutes. »

L'inconnu examinait le chapelet et constatait qu'il y manquait plusieurs grains.

« Mais, continua Daï-Natha, cela coûte fort cher, mon bon seigneur.

— Combien? demanda l'inconnu en tirant sa bourse.

— Vingt-cinq guinées le grain.

— C'est cher, en effet, dit-il.

— Non, quand cela rapporte. Ne faut-il pas semer pour récolter?

— C'est juste.

— Tenez, il y a un beau seigneur qui n'avait pas un sou vaillant il y a un mois. Je lui ai fait crédit, parce qu'il avait l'air honnête. Il est devenu riche en quinze jours.

— Et vous a-t-il payé? demanda l'inconnu en souriant.

— Oh! le lendemain. C'est un bien honnête homme. »

L'inconnu tira vingt-cinq guinées de sa

bourse et les empila sur le comptoir de Daï-Natha.

« Je prends un grain, » dit-il.

L'Indienne dénoua le fil de soie du chapelet, fit glisser un grain dans sa main, et l'enferma, avec le billet de miss Ellen, dans un joli sachet parfumé. L'inconnu mit le sachet dans sa poche, ramena son bonnet sur ses yeux, le col de son manteau sur son visage, et sortit en disant : « Au revoir ! »

« Voilà un homme que je croyais mort

et que tout le monde croit mort ! » pensa miss Ellen en sortant de sa cachette.

Daï-Natha avait prudemment refermé son coffret.

« Ecoute bien ce que je vais te dire, fit miss Ellen en posant une main sur l'épaule de l'Indienne, si tu ne veux pas être brûlée comme sorcière et empoisonneuse, devant la porte de Newgate : ne vends plus maintenant un seul grain de ce chapelet.

— Même à l'homme aux guinées ? demanda Daï-Natha.

— Surtout à cet homme !

— Mais s'il insiste, s'il me menace de me dénoncer ? »

La bohémienne regarda la bayadère dans les yeux :

« Je t'avais promis de te livrer le voleur du dieu Sivah ; j'ai tenu ma promesse : l'homme qui sort d'ici aura tué Jean de France avant huit jours. »

Daï-Natha poussa un cri sauvage, en agitant ses bras comme une furie.

« En êtes-vous bien sûre, au moins ? dit-elle tout à coup en serrant le bras de la jeune fille.

— Oui, car cet homme est un lâche, et, avant de frapper son ennemi, il voudra le désarmer : Osmany est l'épée qu'il doit briser.

— Ah! s'il fait cela, s'écria l'Indienne, je serai son esclave, son chien!

— Pauvre folle! dit miss Ellen avec un sourire de pitié, tu oublies donc qu'il n'est que l'instrument de ma volonté?

— Alors, commandez, j'obéirai.

— Osmany mort, l'homme que tu as vu ce soir reviendra frapper à ta porte : tu refuseras de lui vendre du poison, si considérable que soit la somme qu'il t'offre. Après lui avoir montré les merveilles de ta boutique, tu le laisseras pénétrer avec toi dans ton laboratoire.

— Mais pourquoi ? demanda l'Indienne.

— Parce que, reprit la bohémienne en accentuant toutes ses paroles, si le hasard voulait qu'il vint à respirer une de ces essences qui engourdissent pour jamais la pensée, ou à se piquer avec la pointe d'une aiguille trempée dans les venins foudroyants dont tu m'as parlé un jour, l'Indienne Daï-Natha aurait gagné en dix secondes plus d'or qu'elle n'en amassera péniblement en dix années.

— J'aiderai le hasard! » dit l'Indienne d'une voix sourde.

CHAPITRE HUITIEME

VIII

« Te tairas-tu, Bull! » s'écria le piqueur Wills, en allongeant un vigoureux coup de pied à un vieux terrier-boule qui grognait sous la table.

Wills était assis dans la cuisine du manoir d'Asburthon-le-Vieux, un soir que la pluie tombait comme un torrent. Le vent déchainé faisait battre les volets, grincer les girouettes, et tourbillonner la flamme de la chandelle que le piqueur avait placée sur la table de cuisine, entre un morceau de lard et un pot d'ale. Wills soupait, en maugréant, et battait de temps en temps le terrier qui trouvait mauvais que son maître l'oubliât. Wills était devenu le véritable seigneur d'Asburthon-le-Vieux depuis qu'il avait appris la mort de sir James. La seigneurie était de trop mince importance pour qu'on la lui vînt contester; et, malgré l'attachement qu'il portait à son maître, le vieux piqueur s'était aisément consolé de sa mort en héritant de ses biens. Il faisait même, deux jours auparavant, des réflexions assez philosophiques et se disait :

« Pour un homme du nom d'Asburthon, un manoir comme celui-ci n'est vraiment qu'une bicoque, et je conçois que feu mon maître ne s'en soit pas contenté. Mais moi, qui suis un pauvre diable de piqueur, je me trouve parfaitement satisfait, et désormais je vais vivre comme un digne laird.

Wills avait d'abord tenu secrète la mort de sir James; puis il l'avait annoncé, en disant que sir James l'instituait son héritier.

Pendant un mois environ, les trois tenanciers du manoir et les deux serviteurs laissés par sir James avaient paru croire à la parole de Wills ; mais les parvenus sont durs pour les inférieurs, et Wills s'était montré trop exigeant dans son nouveau rôle de propriétaire et seigneur, la servante et le valet, qui composaient tout le domestique du manoir, demandèrent leurs gages et s'en allèrent. Wills se serait parfaitement consolé de cette désertion, comme il s'était consolé déjà de la mort de son maître ; mais le départ de ses gens amena de sourdes rumeurs dans le pays, et le shériff du comté se présenta un matin, le matin de ce jour où nous trouvons Wills soupant de si méchante humeur et battant son chien. Le shériff lui avait dit :

« Votre maître est mort. Si, comme vous le prétendez, vous êtes son héritier, vous aurez à produire sous huit jours le testament qu'il a fait en votre faveur, sinon les biens de sir James Asburthon seront mis sous le séquestre. »

Cette menace du shériff avait si fort troublé la joie de maître Wills qu'il en avait perdu l'appétit et oublié de boire. Bull grognait de temps à autre.

« Ah ça, te tairas-tu ? » s'écria Wills qui se leva avec colère et prit un fouet suspendu sous le manteau de la cheminée.

Le chien montra ses dents aiguës et alla se coucher à la porte, grognant toujours.

« Cette maudite bête ! murmura Wills, qui vous saute à la gorge des passants, n'a rien dit ce matin au shériff. Où diable le respect de la justice va-t-il se nicher ? »

Wills se remit à table, parlant tout haut et maudissant le shériff et les lois anglaises qui conspiraient à l'unisson pour dépouiller un pauvre honnête homme de piqueur. Tout à coup, Bull dressa les oreilles, aspira l'air à pleins poumons et fit entendre un long hurlement. Avec la finesse d'ouïe particulière aux animaux de sa race, Bull avait distingué parmi les bruits de l'ouragan déchaîné sur le vieux manoir, le pas d'un cheval gravissant la pente ardue qui conduisait à Asburthon-le-Vieux. Wills tourna la tête, et vit son chien pointant les oreilles et dressé contre la porte. A ces signes, le piqueur comprit que quelque voyageur attardé venait sans doute lui demander l'hospitalité. Et, comme le chien, il prêta l'oreille. Le pas du cheval devenait plus distinct.

« Au diable les passants, murmura Wills, je ne loge personne ; l'auberge est en bas, dans le village ! »

Et il se versa un plein gobelet d'ale qu'il vida d'un trait. Le chien s'était mis à hurler. Tout à coup, le pas du cheval s'arrêta à la porte.

« Hé! Wills! » cria une voix.

Le chien se tut subitement, et Wills devint pâle et se trémoussa sur sa chaise comme un homme ivre.

« Wills! maudit ivrogne! répéta la voix, me laisseras-tu longtemps me morfondre à la porte par le temps qu'il fait? »

Wills ne bougea, mais il fit un signe de croix et murmura :

« Je n'avais pourtant jamais voulu croire que les morts revenaient. »

Ses dents claquaient de terreur, et il avait laissé tomber son gobelet sur le parquet. Le chien ne hurlait plus, mais il remuait la queue en signe de satisfaction. Il avait reconnu la voix du visiteur.

« Wills! Wills! cria-t-on encore, m'ouvriras-tu enfin ? »

Cette fois, Wills se leva, et, en bon Ecossais superstitieux, il murmura :

« C'est sir James qui revient de l'autre monde, tout exprès pour faire son testament en ma faveur et vexer le shériff. Je vais lui ouvrir. »

Il se dirigea vers la porte en chancelant et plus pâle sans doute que ce mort à qui il allait ouvrir. La porte s'ouvrit ; le cavalier sauta à bas de son cheval et entra comme une bouffée de l'ouragan dans la cuisine du manoir, sans prendre garde au nouveau signe de croix que Wills venait de faire. Il se débarrassa de son manteau ruisselant de pluie, repoussa le chien qui lui sautait aux jambes en hurlant de joie, et alla se placer sous le vaste manteau de la cheminée en grommelant :

« Quel temps ! »

Wills ne songea pas à refermer la porte. Immobile et pâle au milieu de la cuisine, il attachait sur le nouveau venu un regard hébété. C'était sir James ! sir James qui revenait de l'autre monde pour visiter son manoir.

« Ah çà! qu'as tu donc à me regarder ainsi, imbécile ? s'écria le revenant d'une voix rude, ne me reconnais-tu plus ? »

Wills fit un nouveau signe de croix. Le chien, moins farouche, léchait les mains de son maître.

« Mais va donc mettre mon cheval à l'écurie, butor, et donne-moi d'autres vêtements. »

Wills ouvrit démesurément les yeux, en

homme qui s'étonne qu'un cheval qui vient de l'autre monde ait besoin de paille et de litière, et qu'un mort qui sort de sa tombe craigne la pluie. Cependant, il sortit de sa torpeur et gagna la porte sans mot dire. Le cheval piaffait tristement au dehors. Sir James riait, le chien hurlait toujours joyeusement.

Wills, qui flageolait de plus en plus sur ses jambes, prit le cheval par la bride et le conduisit à l'écurie. Puis il revint et trouva son maître installé au coin du feu, dans lequel il avait jeté une brassée de bois mort.

« Je suis gelé jusqu'aux os, mon pauvre Wills, lui dit sir James tout en s'enveloppant dans le plaid qu'il venait de décrocher de la muraille.

— Il est certain, dit Wills qui se décida enfin à parler d'une voix sépulcrale, il est certain qu'il doit faire bien froid *là-bas.* »

Ce mot éclaira sir James sur la croyance de Wills.

« En effet, dit-il, riant toujours, on y meurt de froid et de faim. »

Et il prit la chaise abandonnée par Wills, s'assit devant la table et se coupa un morceau de lard.

« Jésus Dieu ! murmura Wills scandalisé du sans-gêne de ce trépassé, défunt mon père m'avait toujours dit que les morts revenaient, mais il ne m'avait pas dit qu'ils mangeaient.

— Et qu'ils buvaient, dit sir James qui se versa une rasade d'ale, ajoutant :

— A ta santé, mon garçon. »

Wills frisonna de tous ses membres, le toast d'un mort devant nécessairement porter malheur. Cependant, il avait fini par se délier la langue.

« Je savais bien, dit-il, que Votre Honneur qui avait été si bon pour moi durant sa vie ne me laisserait pas dans l'embarras après sa mort.

— Ah ! tu es dans l'embarras, mon garçon ? »

Wills regarda son maître avec un redoublement de stupéfaction.

« Je croyais qu'on savait tout dans l'autre monde, dit-il.

— En effet, mais j'ai toujours eu mauvaise mémoire. Conte-moi tes peines, mon bon Wills, reprit sir James qui caressait le museau de son chien et se versait un quatrième gobelet d'ale.

— Votre Honneur n'est pas sans savoir, dit Wills qui se familiarisait peu à peu avec ce messager d'outre-tombe. Votre Honneur n'est pas sans savoir que son unique héritier sur terre est ce damné marquis...

— Tais-toi ! ne prononce pas son nom devant moi, dit sir James avec colère.

— Or, donc poursuivit Wills, j'ai pensé que si Votre Honneur avait eu le temps de tester, avant de mourir, il m'aurait sûrement fait son héritier.

— Très-sûrement, répliqua sir James.

— Malheureusement Votre Honneur est mort sans avoir eu le temps de...

— Comme tu dis, mon bon Wills.

— Alors, partant de ce principe que l'intention peut-être réputée pour le fait, j'ai annoncé que Votre Honneur m'avait légué son château.

— Tu as très-bien fait. »

Wills eut un soupir de soulagement.

« Mais, reprit-il, voilà que le shériff est venu fort brutalement ce matin me demander le testament de Votre Honneur.

— Que lui as-tu répondu.

— Qu'il était chez un homme de loi et que je lui montrerais dans trois jours.

— En sorte, dit sir James que ce testament n'existant pas... »

Wills se gratta l'oreille, et poussa la bravoure jusqu'à venir s'asseoir en face du revenant.

« Puisque Votre Honneur a quitté sa

tombe par un temps pareil, dit-il, c'est qu'il me veut du bien.

— Assurément, mon cher Wills.

— Et Votre Honneur ne refusera pas, j'en suis sûr, de m'écrire de sa main ce testament qui confondrait cet impudent shériff, en ayant soin, bien entendu, de le dater du jour de son départ d'Asburthon-le-Vieux.

— Naturellement, » dit sir James.

Wills poussa un cri de joie.

« Ah! dit-il, je n'oublierai jamais les

bontés de Votre Honneur, et je lui ferai dire des messes.

— C'est inutile, répondit sir James, en mourant, je suis allé tout droit en paradis. »

Wills regarda le mort d'un air passablement sceptique et poussa un *vraiment?* très-irrévérencieux. Mais le mort était bon diable et ne se fâcha point.

« Donne-moi du papier et une plume, dit-il, je vais te faire mon héritier. »

Wills retrouva l'usage de ses jambes. Il

monta quatre à quatre l'escalier du vieux manoir, se rendit au premier étage et en redescendit avec les objets que sir James lui demandait. Il était léger comme un chevreuil. Sir James prit la plume, mais, avant d'écrire il dit au piqueur :

« Va donc chercher une vieille bouteille de vin à la cave. Cette bière m'empâte le gosier. »

Wills descendait à la cave avec autant de légèreté qu'il en avait mis à aller chercher la plume et le papier. Quand il revint, il trouva sir James écrivant. Tout à fait familiarisé avec le revenant, Wills lut par-dessus son épaule. Sir James écrivait :

« Aujourd'hui 21 août 1775, jouissant de la plénitude de mes facultés, mais sur le point d'entreprendre un long voyage, j'ai écrit le présent testament.

Article unique. J'institue William, mon piqueur, en récompense de ses bons et loyaux services, mon légataire universel. »

Lorsque sir James signa, Wills sentit la joie l'étouffer, et il tomba aux genoux de son maître.

« Maintenant, dit sir James en lui tendant le testament, te voilà en règle avec ce coquin de shériff. »

Wills serra le testament sur sa poitrine.

« Donne-moi à boire, » continua sir James.

Wills déboucha la bouteille que recouvrait une vénérable couche de poussière

Sir James vida son verre d'un trait.

« Je crois maintenant, dit-il, que je dormirai de bon cœur.

— Il est certain, murmura Wills qui espérait que le revenant allait enfin le débarrasser de sa présence, il est certain que Votre Honneur doit avoir pris l'habitude de dormir. »

Cette allusion délicate au repos éternel amusa sir James.

« Faut-il aller chercher le cheval de

Votre Honneur ? demanda le joyeux héritier.

— Pourquoi faire dit sir James se versant un second verre de vin.

— Hé! mais... Votre Honneur... n'a-t-il pas dit... qu'il désirerait... dormir?

— Oui, certes.

— Alors... comment s'en retournera Votre Honneur. »

Cette fois, sir James partit d'un éclat de rire.

« Ah çà ! dit-il, t'imagines-tu, par hasard, que je vais m'en retourner dans l'autre monde.

— Votre Honneur oublie que nous sommes en été et que le jour vient de bonne heure.

— Eh bien ?

— J'ai toujours ouï dire à défunt mon père, continua Wills naïvement, que les morts étaient obligés de rentrer dans leur tombe avant le jour.

— C'est vrai ; mais j'ai des dispenses, moi. »

Wills ne put se défendre d'un certain effroi.

« Votre Honneur compte-t-il donc dormir ici ?

— Oui, dans ce fauteuil. »

Et sir James roula le fauteuil sous le manteau de l'âtre et s'y installa commodément. La peur de Wills augmentait. Sir James ferma les yeux et bientôt le piqueur entendit un ronflement sonore.

« Ah ! par exemple, murmura Wills, voilà un mort qui a une singulière conduite. Voyons si son cheval tire sa paille. Ce serait plus singulier encore. »

Il alluma une lanterne et se rendit à l'écurie. Le cheval de sir James avait tiré sa paille comme un véritable cheval terrestre. Wills avisa la selle, et sur la selle les deux porte-manteaux et ses fontes. Cette fois, la curiosité domina la peur; il mit la main dans les fontes et en retira les pistolets.

Les pistolets étaient chargés et amorcés.

« Défunt mon père m'ayant toujours dit que les morts n'ayant pas peur des vivants, murmura-t-il enfin éclairé sur la vérité, j'en conclus que sir James prend trop de précautions pour être réellement mort. »

Et Wills poussa un lamentable soupir, ajoutant :

« Son Honneur s'est moqué de moi ; Son Honneur est bien vivant et son testament est sans valeur, puisqu'il est encore de ce monde ! »

Cette révélation de la vérité, qui lui apparaissait enfin, produisit sur lui l'effet d'un coup de foudre. Il avait pleuré son maître; il s'était habitué à le croire mort ; il avait pris ses petites précautions d'héritier; il s'était accoutumé à dire mon château, mes fermiers, mes prés, mes champs. Et voilà que sir James venait gâter tout cela. Ce retour inattendu renversait tous ses plans, contrariait ses projets, et lui était beaucoup plus désagréable encore que la visite du shériff le matin précédent. Mais Wills était un garçon de ressources, du moment où il n'était plus aux prises avec une terreur superstitieuse.

« Tout le monde croit sir James mort, se dit-il ; moi-même je le croyais il y a trois minutes. Personne ne l'a vu arriver ; personne ne saura qu'il est revenu. »

Au lieu de remettre les pistolets dans les fontes, il les garda à la main et rentra dans la cuisine sur la pointe du pied. Sir James dormait toujours.

« Avec la pluie et le vent, murmura Wills, un coup de pistolet ne fait pas grand tapage. Je jetterai le corps dans les oubliettes ; elles n'ont pas servi depuis longtemps, ce sera un moyen de les utiliser. »

Et Wills s'approcha de sir James, arma l'un des pistolets sans bruit, et ajusta son maître à la tempe. Mais, comme il appuyait le doigt sur la détente, le chien terrier poussa un hurlement, bondit et saisit

Wills à la gorge. Le coup partit, mais la balle passa au-dessus de la tête de sir James, qui, réveillé en sursaut, se dressa tout debout, vit le pistolet fumant que Wills avait laissé tomber sur le parquet et comprit tout. Wills avait voulu l'assassiner. Le piqueur se débattait sous les dents cruelles du chien.

« Lâche-le ! lâche ! Paix, Bull ! » cria sir James.

Le chien docile obéit. Wills, tout sanglant, aurait voulu être à cent pieds sous terre. Sir James riait.

« Ah! ah! dit-il, tu as donc enfin deviné que je n'étais pas mort, mon bon Wills, et tu as voulu m'assassiner? C'est très-bien; tu étais dans ton droit, après tout, puisque tu es mon héritier. »

Et sir James riait à se tordre. Wills balbutiait des mots sans suite. Sir James lui enleva prestement le second pistolet, dont il ne songeait pas à se servir tant il était troublé et le passa tranquillement à sa ceinture.

« A présent, dit-il, causons, mon bon Wills, comme de vieux amis. »

Tant de magnanimité épouvanta le piqueur. Il tomba à genoux, demandant grâce. Sir James rit de plus belle.

« Fi! dit-il, crois-tu pas que je vais te blâmer d'avoir tenu une conduite qui est tout à fait dans mes principes? Allons donc! sir James a toujours été et sera toujours conséquent dans ses idées. Je n'ai pas deux manières de voir : il faut toujours se débarrasser des gens dont on hérite. Mais vois-tu, mon bon Wills, cette fois-ci la chose est parfaitement inutile, attendu que, si je ne suis pas mort pour toi, je veux l'être pour le monde entier, et que tes fonctions d'héritier commencent dès aujourd'hui.

— Comment : s'écria Wills saisi de remords, Votre Honneur me pardonne ?

— Mais sans doute.

— Et Votre Honneur ne mé reprend pas... le testament ?

— Mais non, puisque je suis mort.

— Ainsi, le château...

— Est à toi. »

Wills se remit à genoux.

« Ah ! dit-il, Votre Honneur est le plus honnête des hommes.

— Heu ! heu ! » fit modestement sir James qui se laissa baiser la main de bonne grâce.

Puis il reprit :

« Ce n'est pas le tout d'être mort, il faut pouvoir ressusciter, et ressusciter sous un autre nom. »

Wills ouvrit de grands yeux.

« Voyons, dit sir James, relève-toi, niais, et cesse de me demander pardon pour une peccadille. Nous avons à causer de choses autrement sérieuses. »

Wills se mit au port d'armes comme un soldat qui attend des ordres. Sir James reprit :

« Te souviens-tu qu'un soir, il y a trois

ans, nous eûmes le malheur de nous tromper et de faire maladroitement le coup de fusil? »

Wills cligna de l'œil.

« Je me souviens parfaitement. Nous guettions votre damné cousin, le marquis, à son retour de la chasse au coq de bruyères. La nuit était noire, nous étions embusqués derrière une broussaille, dans la vallée rocheuse, et j'avais collé, tant la nuit était noire, un peu de papier blanc sur le guidon de mon fusil.

— Tout cela est parfaitement exact. Continue.

— Un homme passa ; il était de haute taille, et, à ses vêtements sombres, nous crûmes, vous et moi, que c'était le marquis. Deux balles sifflèrent : l'homme tomba mort, laissant échapper quelque chose que nous prîmes pour un fusil. Or, acheva Wills, ce n'était pas le marquis, mais un pauvre diable de touriste espagnol qui voyageait et parcourait l'Ecosse pour son plaisir. C'était son bâton ferré que nous avions pris pour un fusil. Mais pourquoi diable, s'interrompit Wills, Votre Honneur me fait-il raconter cette histoire qu'il connaît mieux que moi ?

— Tu vas voir. N'apportâmes-nous pas le cadavre ici ?

— Parbleu! c'est moi qui le chargeai sur mes épaules. C'était un bel homme, fièrement lourd.

— Quel âge pouvait-il avoir ?

— Environ trente-sept ou trente-huit

ans; et brun comme une châtaigne, avec des cheveux noirs et crépus.

— Qu'avait-il donc dans ses poches ?

— Hé ! Votre Honneur le sait, pardieu ! un portefeuille qui renfermait divers papiers au nom de Don Pedro Sarazona, officier au service du Brésil, alors en congé. Il avait en outre deux cents guinées en or et bancknotes dont Votre Honneur eut la générosité de me gratifier.

— Allons, je vois que ta mémoire est fidèle. Crois-tu qu'il était beaucoup plus grand que moi ?

— Un peu, mais bah!... qu'est ce que ça ferait, si vous aviez sa couleur et ses cheveux.

— Patience! dit sir James, tu verras! Retourne à l'écurie et va me chercher une petite boîte que tu trouveras dans la sacoche droite de ma selle. »

Wills sortit et revint peu après.

« Nous sommes seuls ici ?

— Oui, Votre Honneur.

— Rappelle-toi que pour le monde entier je suis mort. Je vais passer ici les huit jours qui sont nécessaires à ma métamorphose, et je ne mettrai pas le nez à la fenêtre.

— Soyez tranquille, Votre Honneur, ce n'est pas moi qui vous trahirai. »

Sir James ouvrit la boîte que lui avait

apportée Wills et qui renfermait le sachet de l'Indienne et le grain de strychnos.

« Qu'est-ce que cela peut-être? murmura Wills à mi-voix.

— Tu vas voir »

Le chien boule qui venait de sauver la vie à sir James avait posé son museau sur la cuisse du gentleman et le regardait de cet œil doux et confiant que le chien tourne vers son maître.

« Donne-moi de l'esprit de vin, dit sir James. »

Wills apporta une bouteille recouverte d'osier.

Sir James prit un couteau et racla dans son gobelet quelques parcelles de baie qui était aussi friable qu'une pastille de chocolat. Après quoi, il versa deux cuillerées d'esprit de vin dans le gobelet, et les détritus de la noix qui avaient produit une poudre brune, se fondirent sans altérer la couleur du liquide qui resta limpide comme de l'eau. Wills regardait curieusement. Le chien frottait son museau d'un air câlin sur la cuisse de sir James. Sir James examinait la liqueur avec une scrupuleuse attention en plaçant le verre entre la chandelle et ses yeux.

« Allons ! dit-il, cela ne doit pas laisser de trace. Voyons si ça tue... »

Il prit un morceau de pain et le trempa dans le verre; puis il le frotta, tout imbibé, dans son assiette qui était grasse du contact du lard, et il le tendit au pauvre Bull. L'animal engloutit le morceau de pain sans l'avoir mâché. Sir James attacha sur son libérateur un œil calme et froid. Le chien laissa échapper une minute après un hurlement plaintif, il fit ensuite un bond en arrière, tourna quatre ou cinq fois sur lui-même et fixa sur son maître deux gros yeux qui devinrent sanglants : puis il fit encore deux tours et tomba, comme si la balle d'un chasseur habile l'eût traversé de part en part. Couché sur le sol, il se débattit un moment en hurlant, puis sa gorge se crispa, ses dents se serrèrent avec le bruit d'un étau qui se referme, ses pattes se roidirent comme celles d'un lièvre forcé, il fit deux ou trois soubresauts encore, et enfin sa tête s'allongeant sur la dalle vint se poser aux pieds de sir James. Le pauvre Bull était mort.

« L'Indienne ne m'a point volé mon argent, dit froidement sir James. Seulement je commencerai par mon très-cher cousin le marquis d'Asburthon, je m'occuperai ensuite d'Osmany et de ses amis.

— Ma foi ! Votre Honneur, s'écria Wills, s'il est vrai que le monde est au diable, nous serons rois quelque jour.

— Ah ! tu crois ?

— Dame ! fit le piqueur avec une naïve admiration, nous sommes de jolis scélérats en vérité ! j'ai voulu vous assassiner, il y a une heure, et vous venez de tuer le chien qui vous a sauvé la vie ! »

Le lendemain du jour où miss Ellen avait reçu le nadab Osmany dans son cottage, nous eussions retrouvé ce dernier et le chirurgien Bolton, au fond d'une petite maison située dans la rue la plus déserte de Wapping. Ces deux hommes, graves et tristes, étaient debout auprès d'un lit dans lequel était couchée Elspy. Dinah, sa sœur, aussi blonde que la pauvre Elspy était brune, aussi belle qu'elle, soutenait dans ses mains la tête pâle de la blessée.

Cinthia, l'ex-reine des bohémiens, préparait une potion dans un coin de la chambre. Deux larmes silencieuses coulaient le long des joues de Jean de France.

« La blessure est grave... très-grave! disait Bolton ; et je ne puis me prononcer encore. Il fait si chaud !..

FIN DU PREMIER VOLUME

Wassy. — Imp. Mougin-Dallemagne.

EN VENTE :

LES DEMOISELLES DE MAGASIN
Roman entièrement inédit, par CH. PAUL DE KOCK.

LES BOHÉMIENS DE LONDRES
par le vicomte PONSON DU TERRAIL, auteur de : COQUELICOT, les ÉTUDIANTS DE HEIDELBERG, AMAURY LE VENGEUR, etc.

LE MENDIANT DE TOLÈDE
par MOLÉ-GENTILHOMME et C. GUÉROULT, auteurs de : ROQUEVERT L'ARQUEBUSIER, ROBERT LE RESSUSCITÉ, etc.

LE BATARD DU ROI
par CLÉMENCE ROBERT, auteur de : les BATELEURS DE PARIS, DANIEL LE LABOUREUR, NENA-SAÏB, la TOUR SAINT-JACQUES, etc.

LES BUVEURS D'ABSINTHE
par HENRY DE KOCK, auteur de : les DÉMONS DE LA MER, la HAINE D'UNE FEMME, MORTE ET VIVANTE, le MÉDECIN DES VOLEURS.

BOB LE PENDU
par XAVIER DE MONTÉPIN auteur de : les MÉTAMORPHOSES DU CRIME, les COMPAGNONS DE LA TORCHE, le PARC AUX BICHES, UN AMOUR MAUDIT, LES MARIONNETTES DU DIABLE, etc.

ÉCOLIERS ET BANDITS
Drames du vieux quartier latin, par EDOUARD DEVICQUE, auteur de : le CHEVALIER DE LA RENAUDIE, etc., etc.

Wassy. — Imp. de Mougin-Dallemagne.

www.ingramcontent.com/pod-product-compliance
Lightning Source LLC
Chambersburg PA
CBHW060638170426
43199CB00012B/1591